복음이란 무엇인가? 3

예수는 그리스도

임덕규 지음

기독교문서선교회

기독교문서선교회(Christian Literature Crusade: 약칭 CLC)는
1941년 영국 콜체스터에서 켄 아담스에 의해 시작되었으며
국제 본부는 영국의 쉐필드에 있습니다.
국제 CLC는 59개 나라에서 180개의 본부를 두고, 약 650여 명의
선교사들이 이동도서차량 40대를 이용하여 문서 보급에 힘쓰고 있으며
이메일 주문을 통해 130여 국으로 책을 공급하고 있습니다.
한국 CLC는 청교도적 복음주의 신학과 신앙서적을 출판하는
문서선교기관으로서, 한 영혼이라도 구원되길 소망하면서
주님이 오시는 그날까지 최선을 다할 것입니다.

Jesus is Christ

by

Duk-Kyu Im

Korean Edition
Copyright © 2012 by Christian Literature Crusade
Seoul, Korea

저자 서문

예수 그리스도에 관하여 말한다는 것은 항상 기쁨과 설렘입니다. 광야 같은 세상에서 예수님을 그리스도로 믿고 산다는 것은 신적(神的)인 삶에 참여하는 것입니다.

'예수 그는 누구신가?', '예수 그는 무엇을 하셨는가?' 예수님의 인격과 사역을 바로 알고 믿을 때 그리스도인이 되고 신생(新生)의 삶을 살게 됩니다. 여러분이 예수님이 누구신가(그의 인격)와 예수님이 무엇을 하셨는가(그의 사역)를 바로 알고 믿어 예수님을 신랑 되신 구주 그리스도로 영접하여 살면 평생 이혼이란 것은 없고 예수님과 함께 영생복락을 누리며 살게 됩니다.

유명한 미국의 복음전도자 **빌리 그래함 목사**와 그의 아내 **루스**는 64년을 함께 살았습니다. 루스는 2007년 6월 먼저 88세로 소천 했고, 그래함은 현재 93세로(2012. 5월 현재) 생존해 있습니다. 그래함은 말했습니다. "아내가 떠나가던 날 나는 내 존재의 일부가 떨어져 나가는 아픔을 느꼈다. 아내가 사무치도록 보고 싶다."

한편 한국의 유명한 가수 **서태지**씨와 인기배우 **이지아**씨는 비밀스러운 결혼을 하고 10년 만에 이혼을 했습니다. 서태지씨는 "성격과 미래상이 달라서 이혼하지 않을 수 없었다"(2011. 4)고 말했습니다.

전자의 결혼의 행복과 후자의 이혼의 비극은 그들이 당사자의 인격과 직업에 대한 충분한 이해가 결여된 데 따른 것이라 볼 수 있습니다. 한 여자가 한 남자와 성공적인 결혼으로 해피엔딩을 하려면 신랑이 누구이며, 무슨 직업을 갖고 무엇을 추구하며 사는가를 분명히 알고 동의하고 순종하며 살 때 가능한 것입니다.

그리스도인이 된다는 것은 신자가 예수님께 시집을 가서 예수님을 신랑으로 모시는 일과 같습니다. 그러므로 신자는 예수님의 인격과 사역을 바로 알고, 예수님에게 일생을 맡기는 결혼에 임해야 합니다.

예수, 그는 누구신가? 예수님은 그리스도시요 살아계신 하나님의 아들입니다. 그리스도는 인생문제의 직함이요, 하나님의 아들은 삼위일체 하나님의 제2위가 되시는 하나님이십니다. 또한 예수, 그는 무엇을 하셨습니까? 예수님은 우리 죄를 대신하여 십자가에서 피 흘려 죽으시고 부활하셨습니다. 예수님의 이러한 인격과 사역을 복음이라고 합니다. 이 복음을 믿고 받아들이는 과정이 신랑, 신부의 결혼과 정확하게 유비되는 것입니다.

만일 한 자연인이 예수님을 신랑 구주 그리스도로 모신 신부가 된다면, 그는 엄청난 축복을 받는 자가 될 것입니다. 예수님이 하나님의 아들 그리스도로서 가지신 신분과 지위와 권능이 모두 그 신자의 것이 되기 때문입니다. 소위 운명이 바뀌는 자가 되는 것입니다. 세상에 그리스도인이 되는 축복을 능가하는 것은 아무것도 없습니다. 이 책을 읽는 가운데 예수님의 인격과 그의 사역을 바로 알아 그분을 영접하므로 이런 축복의 사람이 되기를 주의 이름으로 축원합니다.

저자 임덕규

목 차

저자 서문 / 4

1. 예수님의 인격과 사역은 인생문제의 해답이다 / 10

2. 하나님의 아들 예수 그리스도의 복음 / 27
   (마가복음 서론)

3. 예수, 그는 누구신가? / 37
   (예수는 하나님의 아들 그리스도)

4. 예수, 그는 무엇을 하셨는가? / 61
   (그리스도의 죽음과 부활의 사역)

5. 예수는 그리스도,
   그 증거로 죽은 자 가운데서 부활하셨다 / 79

"하나님의 아들 예수 그리스도의 복음의 시작이라"
(막 1:1)

예수는 그리스도

1. 예수님의 인격과 사역은 인생문제의 해답이다

2004년 부활절에 개봉한 멜 깁슨의 영화 "패션 오브 크라이스트"(The Passion of the Christ)는 전 세계에서 상영되어 거대한 반향을 불러 일으켰습니다. 2011년까지 6억 달러가 넘는 수익을 창출했습니다. 이 영화는 예수님 생애의 마지막 12시간의 수난을 기록한 것으로 그 중심에 십자가의 이야기가 있습니다.

이 영화는 놀랍게도 모슬렘 국가에서도 큰 영향을 끼쳤습니다. 모슬렘 국가들은 초기에 이 영화의 상영을 금지하였습니다. 그러나 이집트와 같은 대부분의 국가들은 여론의 성화를 이기지 못하고 결국 상영을 허가할 수밖에 없었습니다. 이 영화가 예수님이 결코 십자가에서 죽지 않았다고 주장하는 코란의 핵심 요지를 강하게 반박하고 있었음에도 불구하고 수백만 명의 모슬렘인들이 영화관을 찾았습니다. 이들 중 일부는 코란의 주장이 허구임을 깨달았고, 일부는 그리스도인이 되었습니다.

반면에 서구를 비롯해서 한국의 많은 사람들이 이 영화를 관람하고 눈물을 흘리며 감동을 받은 자들이 많았지만 그 영화를 보고 그리스도인으로 거듭났다는 뉴스는 들어본 적이 없습니다.

모슬렘인들 가운데 그리스도인이 된 자들은 처음에는 예수님의 그리스도 되심에 대한 그분의 인격에 의문을 갖고 있다가 예수님의 죽음과 부활의 사역의 진정성을 보고 예수님을 그리스도로 믿고 그리스도인이 되었다고 봅니다. 그러나 비모슬렘권의 신자 및 불신자들은 예수님이 그리스도라는 인격에는 처음부터 관심이 없는 가운데 흥미 위주로 예수님의 사역인 십자가의 이야기와 마지막 부활을 보았습니다. 그리하여 비록 그들이 그리스도의 희생적 사랑에 눈물을 흘리고 감동을 받았어도 육신적 감동에 그쳐 예수님을 그리스도로 믿는 참된 그리스도인이 될 수 없었던 것입니다.

인생은 예수님이 그리스도라는 것을 바로 알고 믿을 때 구원을 얻습니다. 예수님을 그리스도로 알지 못하면 예수님이 하신 일이 우리에게 효과가 없는 것입니다.

예수님은 그리스도시요, 살아 계신 하나님의 아들입니다. 예수님은 하나님의 아들 그리스도라는 증거로 죽은 자 가운데서 부활하셨습니다. 이 복음으로 여러분의 인생의 모든 문제가 처리되고 해답을 얻습니다.

예수님이 십자가에서 죽으시고, 죽은 자 가운데서 부활하셔서 우리 인생의 죄, 죽음, 저주, 재앙의 문제를 해결하고, 하나님 만나는 길을 열어주셨는데, 그가 누구시기에 죽으시고 부활하셔서 우리 인생의 구세주가 되었느냐? 이것이 중요합니다. 그는 바로 하나님의 아들이십니다. 그는 바로 그리스도이시기 때문에 그의 죽음과 부활, 그의 하신 일이 우리에게 구원이 되는 것입니다.

● '예수 그는 누구신가?', '예수 그는 무엇을 하셨는가?'

그러므로 **'예수 그는 누구신가?', '예수 그는 무엇을 하셨는가?'** 예수님의 인격과 하신 일이 우리의 구원을 이루는 데 중요한 요소가 됩니다. 다시 말하면 예수님의 인격과 사역을 바로 알고 믿을 때 구원을 얻습니다. 이 구원을 얻는다는 표현을 제가 가끔 예화를 들어 설명하는데, 쉽게 말해서 결혼하는 것과 같습니다.[1]

한 여자가 한 남자를 만나가지고 결혼을 해서 그를 신랑으로 맞이하려면 그 신랑이 누구인지 잘 알아야 됩니다. 그가 누구인가? 뿐만 아니라 그 신랑이 무엇을 하는 사람인지 또한 알아야 됩니다. 잘못 알고 결혼하면 사기꾼에게 속는 것입니다.

그래서 예수님이 누구신가를 바로 알고, 그를 알 때 그분이 나를 위해서 하신 위대한 십자가의 사랑이 나의 구원의 근거가 되는 것입니다. 이것을 여러분들이 바로 알아야 됩니다. 이와 같이 예수님을 그리스도로 하나님의 아들로 믿으려면 한 여인이 한 남자에게 결혼을 할 때 마음을 바치고 순정을 바치는 것처럼 바쳐야 합니다.

---

1) [로마서 7:4, 개정]『그러므로 내 형제들아 너희도 그리스도의 몸으로 말미암아 율법에 대하여 죽임을 당하였으니 이는 다른 이 곧 죽은 자 가운데서 살아나신 이에게 가서 우리가 하나님을 위하여 열매를 맺게 하려 함이라』

그래서 잠언 23:26에는 "내 아들아 네 마음을 내게 주며" 그렇게 말합니다. 진정한 회개는 우리 마음을 바치는 것입니다. "네 마음을 나에게 달라" 그렇게 말하는 것입니다. 여자들이 왜 결혼을 못 합니까? 마음을 안 바칩니다. 순정을 안 바칩니다. 연애만 하고 순정을 안 바칩니다. 그러면 결혼이 성립되지 않는 것입니다.

제가 얼마 전에 우리 대학 동기 신우회에 참석을 했습니다. 가서 '예수가 그리스도'라는 복음을 전했습니다. 그래서 쉽게 이해할 수 있도록 다음과 같이 신랑과 신부 직분을 가지고 설명을 했습니다.

"여러분들이 예수님을 다 좋아하는 사람입니다. 그것은 틀림없겠죠? 그러나 좋아하는 것만 가지고는 결혼이 안 이루어집니다. 순정을 바쳐야지요. 이렇게 여러분들이 믿되 진정으로 믿어야 합니다. '여러분의 마음을 바쳐서 순정을 바치면서 믿어라' 이렇게 해야 결혼이 됩니다. 20년, 30년 예수님을 사랑했지만, 연애하다가 헤어질 수도 있는 것입니다." 그렇게 말을 하고 그리스도를 설명을 했습니다.

마침 우리 동기들 중에 고위직을 마친 분들도 있었습니다. 그래서 한 분에게 "당신은 고위공직을 지낸 분이 아니냐. 아무개 ㅇㅇ공직하면, 아무개는 인간 이름이고, 그 공직은 직함이다. 그런 것처럼 '예수가 그리스도'라고 하면, '예수님은 인간 이름이고 그리스도는 직함이다" 그렇게 설명을 하면서 "참되게 예수님을 그리스도로 믿어야 한다"고 권면을 드렸습니다.

신우회 모임이 끝난 후 헤어지면서 존경하는 동기 한 분에게 제가 물었습니다. "진정으로 예수님을 그리스도로 믿습니까?" 이렇게 정중하게 물으니까 그 동기도 정중하게 받아들여서 생각하더니, "임 목사가 말씀을 전한 것처럼 내가 예수님과 연애만 하고 있는지 모르겠다"고 겸손하게 대답했습니다. 거짓 구원의 확신을 가진 자는 언제든지 자신의 구원에 관해서 자신만만해 합니다. 그래서 제가 보기에는 그분은 하나님이 이미 터치하신 분으로 생각되었습니다.

세상에는 유감스럽게도 예수님을 그리스도로 믿고 자신의 인생을 그분께 맡기지 않고 살아가는 신자들이 많습니다. 이런 신자는 은혜의 뿌리이신 그리스도께 연결되지 못한 신자인 것입니다. 그래서 환란이나 박해가 일어날 때는 곧 넘어지게 되며, 세상의 염려와 재물의 유혹에 복음이 막혀서 결실하지 못하게 되어 있습니다.

● 인생문제란 무엇인가?

예수님이 그리스도라고 할 때, 그 그리스도는 인생문제 해결의 직함입니다. 그러면 인생문제 해결의 직함이라고 할 때, 그 인생문제가 무엇입니까? 인생의 가장 근본적인 큰 문제는 인간이 하나님을 떠나버렸다는 데 있습니다. 그 결과로 하나님을 모르게 되어 버렸습니다. 세상 사람들은 '하나님이 어디 있냐?'고 말합니다. 하나님을 모릅니다. 이것이 인간의 가장 큰 문제입니다. 하나님을 떠나버렸기 때문에 생명이 없습니다. 영원한 생명이 하나님께 있는데 떠나버렸으니까 전부 생명이 없습니다. 그래서 인간들은 다 죽음과 공포에 떨고 삽니다.

어떻게 하나님을 떠났느냐? '인간들이 마귀의 유혹으로 범죄했다'는 말입니다. 하나님의 법을 어겼습니다. 그러니 죄의 문제, 사탄의 문제가 큰 문제요. 그런 다음 하나님을 떠난 뒤로는 자기 혼자 살 수가 없고 마귀의 유혹으로 떠났기 때문에 마귀에 종노릇하며 사는 것입니다. 마귀의 권세, 사탄의 권세 속에 사는 것이 인간의 문제요, 이것이 인간의 근본 문제입니다. 이 인생의 문제를 해결하기 위해서 이 세상에 우리 주님이 오신 것입니다.

그래서 하나님을 떠난 인생들에게 누군가 하나님을 가르쳐 주어야 합니다. '하나님은 이런 분이다'라고 가르쳐 주어야 인간이 하나님을 알기 때문에 그 직함을 선지자 직함이라고 합니다. 또 인간이 죄의 문제로 인해서 하나님께 범죄했기 때문에 죄를 속죄할 직함이 필요한데, 이 직함을 제사장 직함이라고 합니다. 그리고 인간이 마귀의 종노릇 하면서 하나님을 배반하고 제 멋대로 살아가고 그 마귀의 권세에서 벗어날 힘도 없고 능력도 없으니까, 힘도 주고 능력도 줘서 그 마귀를 꺾어버리도록 하는 사역이 필요한데 그것이 왕의 사역입니다.

왕의 사역을 구체적으로 말하면 구약시대에는 이스라엘의 대적들이 달려들었습니다. 블레셋이 달려들고 암몬이 달려들었다는 말입니다. 그것들은 신약적으로 말하면 영적으로 사탄의 모형들이었던 것입니다. 그런 것들을 막아서 이겨내고 다스리는 직함이 왕의 직함이었습니다.

● 구약시대는 부분적 메시아로 구원, 온전한 메시아의 예표

그렇기 때문에 하나님은 인생문제 해결자 되신 그리스도를 보내는데, 구약시대는 이 그리스도가 부분적인 그리스도로 이스라엘 백성을 구원하셨습니다. 여기서 메시아라는 말과 그리스도라는 말은 같은 의미입니다. '기름부음 받은 자'를 히브리어로 '메시아'라고 합니다. 헬

라어로는 '그리스도'라고 합니다. 그래서 구약시대에는 부분적인 메시아로 이스라엘 백성을 구원하셨습니다.

무슨 말입니까? 하나님이 이스라엘 백성을 자기의 백성으로 택한 다음, 그들을 구원할 때에 메시아라는 직함을 가지고 구원하는데, 첫 번째는 하나님을 떠나서 하나님을 잘 알지를 못하니 하나님을 잘 알게 만들고 가르치는 직함이 예언자요, 선지자 직함입니다. 선지자를 세워가지고 '하나님은 이런 분이다. 우상숭배하지 말아라' 이렇게 말하는 사람이 있었다는 말입니다. 이것이 선지자 직함입니다. 이 선지자에게는 기름을 부어서 선지자가 되게 했습니다.

두 번째는 인간이 범죄해서 하나님의 저주 아래 있기 때문에 이 죄를 없애기 위해서 하나님은 제사장을 세워 그 사람에게 기름을 부어서 백성을 위해 피의 희생제사를 지내서 저주를 면하고 복을 받고 살게 했습니다. 이것이 제사장의 직함입니다.

세 번째는 하나님의 백성이 외적으로부터 침입 받는 것을 막아내고, 보호해주고, 힘을 주고, 범죄한 자는 제재(制裁)하고 다스리도록 하기 위해서 왕을 세우고 그 왕에 기름을 부어서 자기 백성을 통치하게 했습니다. 그것이 왕의 사역이었습니다.

그러므로 구약시대에는 이 '기름부음 받은 자'를 뜻하는 '메시아(그리스도)'가 세 직분으로 각각 따로 있었다는 말입니다. 그리고 그들이 죽으면 새로운 자가 기름부음 받고, 또 죽으면 또다시 기름부음 받아 세우게 되니까 기름부음 받은 자가 많았습니다. 그래서 구약시대에 그리스도, 메시아라는 말은 보통명사였습니다.

그런데 이 세 가지 직함을 한 몸에 이루도록 하나님은 본래 계획을 하셨기 때문에, 구약시대에는 하나님 만나는 길을 부분적인 메시아를 통해서 구원하셨던 하나님은 이제는 한 몸에 이 세 직함을 완벽하게 이루실 메시아를 준비하셨는데, 그분이 나사렛 예수인 것입니다. 예수님이 오셔서 선지자·제사장·왕의 사역을 완성을 했습니다. 예수님은 삼직을 모두 가진 그리스도가 되신 것입니다.

그러므로 신약시대에는 그리스도가 보통명사가 아니라 고유명사가 되었습니다. 이제는 '그리스도'하면 누구든지 당장 예수님을 가리키게 됐다는 말입니다. 구약시대에는 '기름부음 받은 자' 하면 선지자, 제사장, 왕과 같이 여러 사람이 있었는데, 이제 신약시대에는 기름부음 받은 자가 단 한 분밖에 없습니다. 누구입니까? 예수! 예수님만이 그리스도이신 것입니다. 그러니 예수님을 말할 때, '그리스도께서 하셨다' 이렇게 언급하면 이 말은, 곧 예수님을 말하는 것입니다. 직함을 가지고 이제 예수님을 설명하는 것입니다.

구약시대에 부분적인 메시아를 통해서 구원의 사역을 보여주신 하나님이 때가 되니까, 온전한 메시아, 참된 선지자요, 참된 제사장이요, 참된 왕이신 분을 보내서 인간의 세 가지 문제를 해결하신 것입니다. 예수님은 선지자 중의 선지자였습니다. 다른 선지자는 하나님이 이런 분이다 이렇게 설명을 했는데, 예수님은 자기 자신을 가지고 '나를 봐라! 내가 하나님이니라'고 설명하셨습니다.

선지자 중의 선지자이고 진정한 선지자이십니다.

구약시대의 제사장들은 예배시 제물을 드릴 때 짐승을 가지고 희생제사를 드렸습니다. 그런데 짐승은 별로 가치가 없습니다. 그리고 제사장 자신도 죄가 있는 자입니다. 그러나 그런 제사를 드려도 하나님이 받으셨습니다. 그런데 이제 신약시대에는 예수님이 하나님의 아들이신 분인데, 자기 자신을 제물로 내놓고 피의 희생제사를 드렸습니다. 그러니 완벽한 것입니다. 두 번 제사를 드릴 필요가 없습니다. 단번에 인생의 모든 죄를 도말해버리는 제물과 제사장이 된 것입니다.

뿐만 아니라 구약시대에 왕들을 보면 여러분이 알다시피 다윗왕도 좀 훌륭하긴 했지만 범죄한 자로서 제대로 통치를 못 했습니다. 하나님이 자기 백성을 통치하라고 내주었는데, 제대로 통치를 못 한 것입니다. 심지어는 자기 자신부터 우상숭배 하는 왕들도 많았습니다.

그런데 하나님의 아들이신 예수님은 완벽한 하나님의 뜻을 쫓는 아들 하나님이고, 하나님 아버지의 뜻을

100% 순종하시는 왕 중의 왕으로 오셨습니다. 그렇기에 하나님께 온전히 순종하는 삶을 사시고, 또 예수님은 죄와 사탄을 정복하고 죽음을 정복할 뿐만 아니라 우리에게 위로해주시고 힘도 주시고 능력주시는 왕 중의 왕이 되신 것입니다.

● 하나님과 교제의 조건: 그리스도의 삼직이 필수적 조건이다

그래서 우리가 이 예수님의 세 가지 직함을 가지고, 우리 인생의 문제를 우리는 완벽하게 해결 받으며 살 수가 있습니다. 이렇게 예수님이 오셔서 선지자, 제사장, 왕의 세 가지 사역을 완성하셨는데, 이렇게 결합되는 것이야 말로 하나님과 교제하는 데 있어서 필수적인 것입니다.

반복되지만 여러분의 이해를 돕기 위해서 다시 한 번 설명합니다. "왜 그리스도의 직함이 필요했습니까?" 본래 하나님이 인간을 만들었을 때에는 하나님과 교제하는 존재인 하나님의 형상으로 만들었습니다. 그런데 하나님과 교제하던 인간이 범죄해서 하나님을 떠나버렸기 때문에 하나님과 교제가 끊어져버렸습니다. 그런데 그 교제를 회복하는 직함이 바로 그리스도입니다. 여러분의 인생문제를 해결하는 직함이 그리스도인데, 이 삼직을 통해서 인생의 문제를 해결했다는 것을 반복되지만 다시 한 번 설명하겠습니다.

"왜 꼭 삼직이 필요한가?" 우리 인간들은 하나님을 떠났기 때문에 하나님에 대해서는 무지합니다. 그러니 우리가 어떤 사람하고 교제를 하려면 그 사람을 모르면 교제할 수가 없습니다. 누가 와서 그 사람을 잘 소개해주고 같이 이끌어주고 이렇게 해야 알게 됩니다. 그가 누구라는 것을 알아야 교제가 됩니다. 그렇기 때문에 우리가 하나님을 잘 알지 못 하니까 하나님을 잘 소개하는 선지자 사역이 필요한 것입니다.

그리고 또 우리가 하나님과 바른 관계를 맺는데 있어서 요구되는 것은 선지자 사역뿐만 아니라 제사장 사역도 필요합니다. 왜 그렇습니까? 우리가 하나님과 원수 관계가 되어 있으니까 하나님 앞에 나아갈 수가 없습니다. 누가 그 원수 관계를 화해시키는 사람이 있어서 그 원수 관계를 없애주어야 됩니다. 그런 사역이 필요합니다. 이렇게 제사장 사역도 꼭 필요한 것입니다.

또 세 번째로는 죄인 된 우리는 연약하고 허약하고 어리석고 눈이 어둡습니다. 그래서 우리를 인도해주고 보호해주고 힘을 주는 그런 분이 필요한데, 구약시대의 이스라엘 백성에게는 왕의 역할이 바로 이런 사역이었습니다.

더구나 우리 눈에 보이지 않는 사탄이 있기 때문에 이 세력을 꺾어버리고 우리로 하여금 바르게 하나님과 교제하며 살 수 있는 그런 직함이 필요한데, 이것이 왕의 직함이었습니다.

● 신구약 성경의 주제는 한마디로 '예수는 그리스도'

이렇게 예수님이 선지자·제사장·왕의 삼중적인 직분

을 가지고 온 중대한 이유는 앞서 언급한 대로 인간이 사탄의 삼중적인 유혹에 의하여 타락하여, 삼중적인 속박 속에 결박된 채 살아가기 때문에, 타락한 인간의 구원에는 삼중적인 치료가 필요했던 것입니다. 예수님의 선지자·제사장·왕의 삼직의 수행으로 타락한 인간은 회복되어 하나님과 교제하면서 사는 길이 열리게 되었습니다.

예수님의 선지자·제사장·왕의 사역이 곧 그리스도의 사역입니다. 그래서 예수님을 그리스도라고 하는 것입니다. 구약 전체는 하나님이 그리스도를 이 세상에 보내시기로 하신 약속이고 신약은 그 성취였습니다. 신구약 성경의 주제는 한마디로 예수 그리스도인 것입니다.

2. 하나님의 아들 예수 그리스도의 복음
   (마가복음 서론)

 신약성경은 예수님이 구약성경에 예언된 그리스도임을 입증하기 위해 쓰인 책입니다. 특히 신약의 마가복음은 다른 복음서와 달리 예수님의 그리스도로서의 인격과 그리스도의 사역을 정확하게 이등분하여 기록하고 있는 책입니다.

 우리는 마가복음을 읽으면서 예수님이 하나님의 아들 그리스도 되심을 밝히 알게 되고, 또 예수님이 하나님의 아들 그리스도라는 증거로 죽은 자 가운데서 부활하신 사실을 확신할 수 있습니다. 곧 예수님의 인격과 사역을 균등하게 나누어 설명하는 것이 마가복음입니다.

 마가복음 1:1은 이렇게 시작이 됩니다. "하나님의 아들 예수 그리스도의 복음의 시작이라." 복음은 무엇입니까? '하나님의 아들 예수 그리스도' 그것이 복음이란 말입니다. 여기서 하나님의 아들은 삼위일체 하나님의 제2위인 아들 하나님이고, 그 아들 하나님이 인간으로 이 땅에 오셨을 때 그 인간 이름이 예수이고, 아들 하나님이신 예수님이 하신 직분, 직함이 그리스도입니다. 그래서 '예수 그리스도, 예수가 그리스도' 이것이 복음입니다.

● 그리스도 복음 안에 들어오고, 누리고, 증인으로 살라

이 인생 문제 해결의 직함인 그리스도, 그 복음의 시작이라고 마가복음은 그 첫 서두를 시작하고 있습니다. 예수님이 하나님의 아들 그리스도라는 것이 성경의 대주제이기 때문에 저는 이 하나님의 말씀을 전하고 여러분에게 구원을 얻게 하는 것이 목사의 책임이라고 생각해서, 제가 우리 교인들에게 항상 얘기하는 말이지만, 세 가지 원칙을 가지고 사역을 하고 있습니다.

첫째는 모든 성도들이 다 그리스도의 복음 안으로 들

어오는 것입니다. 이것이 제 목회 지고(至高)의 목표입니다. 오늘 여러분들이 여기 있는데, 예수가 그리스도라는 복음을 참되게 알고 그 복음의 은혜 속으로 들어와야 됩니다. 저는 이것을 일생의 목표로 알고 이것을 강조하고 강조합니다. 이것이 제일의 원칙입니다. 쉽게 말하면 제 목회철학 중의 최고의 주제입니다.

둘째는 복음을 받았다고 하면, 그 복음을 깊이 깨닫고 알고 누리는 것입니다. 다시 말하면 복음으로 답이 나오는 삶이요, '복음 안에 모든 것이 다 있나'는 삶입니다. 그리고 복음의 주인공 되신 그리스도를 누리며 사는 것입니다. 이것이 제 두 번째 목표입니다. '나는 그리스도를 아는데' 그것만 가지고는 안 되고 '그리스도 안에 모든 것이 다 있다' 그렇게 알고 그리스도로 내 인생의 답을 얻고 살아야 됩니다.

셋째는 이렇게 복음을 받아 누리면서 사는 사람들은 세상에 나가서 그리스도의 증인으로 복음을 전하고 사는 자가 되어야 합니다. 복음을 전할 뿐만 아니라 복음의 역사인 하나님 나라의 가치를 세상 속에 실현하는 삶도 살아야 됩니다. 다시 말하면 복음을 전하는 데만 그치지 않고 그 삶 자체가 하나님 나라의 가치를 부여하는 삶, 즉 하나님의 사랑과 이웃 사랑의 계명을 실천하며 사는 삶, 이것이 세 번째 목회원칙입니다. 그런데 그 중심에 언제든지 그리스도가 있어야 됩니다.

그래서 이 그리스도를 믿으면서 이 세 가지 삶을 사는 것입니다. '오직 그리스도', '오직 신앙', '오직 은혜' 그리고 나아가서 오직 복음 전도자로 사는 것, 이것이 제가 여러분에게 언제든지 강조하는 내용 중의 하나입니다. 그런데 세상은 이 그리스도의 필요를 느끼긴 느끼는 데, 그리스도를 알지 못하고 동경만 하고 삽니다.

● 그리스도 외에는 인생문제의 진정한 답이 없다

"아프니까 청춘이다"(답이 없다)

특히 오늘의 젊은이들이 그런 형편입니다. 뭔가 미래에 대한 염려와 근심이 있으니까 '누가 나를 구원해줄 메시아가 없는가?' 그렇게 고민하면서 산다는 말입니다. 그런데 그 그리스도를 찾되 이 성경이 약속한, 마가복음이 약속한 예수 그리스도에서 찾지 않고 엉뚱한 곳에서 지금 허상을 찾고 있는 분들이 대부분입니다. 이 시간 이 글을 읽는 여러분들도 메시아를 대망할 것입니다. 누군가 나에게 와서 내 어려운 문제, 경제 문제라든가, 미래 문제라든가, 직장 문제라든가 '누가 해결해 줬으면 좋겠다' 그렇게 생각할 것입니다.

그래서 최근에 이런 인생문제의 해결자가 아닌데도 불구하고 비슷한 위로를 해주는 사람이 나타나서 아주 청년들에게 인기를 끌고 있습니다. 이 분이 서울대 김난도 교수라는 분입니다. 이 분이 젊은이들의 멘토로 혜성같이 떠올랐는데,『아프니까 청춘이다』이 책을 써서 인기가 대단합니다.

그런데 이 분이 자신이 쓴『아프니까 청춘이다』라는

책의 출판기념회를 연세대학교 100주년 기념관에서 가졌는데, 그때 분위기를 그분이 이렇게 썼습니다. "첫 출판 기념 강연회를 하는데, 무슨 목사님 부흥회를 하는 줄 알았어요. 몇 천 명이 모여서 '교수님 우리를 구원해 주세요' 이런 메시아 대망의 눈빛으로 보는데, 제가 무슨 수로 젊은이들의 고민을 하나하나 해결해줄 수 있겠어요. 저는 그저 조언을 해줬을 뿐인데!"

이 교수님은 인생문제의 진정한 답을 가진 분이 아니었습니다. "나도 이렇게 고생하면서 하다보니까 이렇게 되었다. 그러니 젊은 청춘이니까 아프더라도 참고 기다려라" 말했습니다. 이것은 위로를 주는 것이지만 인생문제의 진정한 답은 아닙니다. 이런 조그만 위로에도 사람들이 몰려들고 있습니다. 물론 진정한 해답이 없는데도 말입니다.

뿐만 아니라 오늘날은 국민들도 마찬가지입지다. 지금 정치, 경제와 삶이 어려우니까 누가 나와서 자신들의 어려운 경제문제와 정치, 사회문제를 잘 해결해 주기를 바라면서, 그런 인물이 나오기를 기대합니다. 일종의 메시아 기대사상입니다. 그래서 안철수 서울대 융합과학 기술대학원장이 나타나니까 어떤 정치학자는 그를 정치적 메시아라고 글을 썼습니다.

우리는 안철수 서울대 융합과학 기술대학원장이 정치학자의 말대로 정치적 메시아는 아닐지라도 국민의 기대를 어느 정도 충족시키는 선한 정치지도자가 되기를 기대합니다.

그러나 지금까지 어떤 정치지도자도 온 국민의 기대를 완전히 충족시키는 사람은 역사상 없었습니다. 왜 그렇습니까? 그것은 인간의 근본문제가 먹고 마시며 사는 의식주 문제에 있는 것이 아니라 죄와 사탄의 문제요, 저주와 재앙의 문제요, 인간이 하나님을 떠난 문제, 곧 영적인 문제이기 때문입니다. 이 영적 문제가 해결되지 않는 한 인간은 아무리 노력을 해도 참된 인생문제 해결은 기대할 수 없는 것입니다. 타락한 인간은 메시아가 될 수 없습니다.

그런데 메시아 되신 예수님을 제가 선포하고 있으니까, 제 말씀을 듣고 예수님을 '메시아', '그리스도'로 영접하여 인생문제의 답을 얻기 바랍니다. 이 분이 멀리 있지 않습니다. 바로 여러분의 가까이 입술 앞에 있습니다. 부르기만 하면 됩니다.

이렇게 가까이 와서 여러분을 지금 구원하려고 이 말씀을 가지고 "내 말을 들으라. 다른 데서 허망한 메시아를 찾지 말고, 내가 너희 인생의 문제를 해결한 메시아다. 그리스도다. 나를 의지해라' 그렇게 지금 말씀하고 있는 것입니다. 여러분들이 놀랄 필요가 없습니다. "예수님, 나를 구원하소서. 나는 당신의 구원을 받아야만 하는 죄인입니다. 나를 도와주소서!"라고 기도하면 됩니다.

● **마가복음 1-8장, '예수, 그는 누구신가?' 예수님의 인격**

오늘 마가복음은 1:1에서 "하나님의 아들 예수 그리스도의 복음의 시작이라" 그렇게 시작하는 것은 '이제 새로운 시대가 왔다. 하나님의 아들, 곧 하나님이란 분이 이 세상에 왔는데, 그분이 예수님이다. 너희가 그렇게 대망하고 갈급하고 갈망하는 구원을 주기 위해서 예수님이 오셨다. 예수가 그리스도시다. 예수님을 그리스도로 믿어라' 이 말입니다. 이것이야말로 복된 소식 아닙니까?

마가복음은 크게 보면 이 복된 소식을 선포하면서 인류가 고대하는 메시아, 그리스도가 하나님의 아들 예수라고 하는 것입니다. 마가복음은 두 부분으로 나뉘어 있는데, 하나는 '그 메시아로 온 예수님이 누구시냐?' 이것을 설명을 하고, 또 하나는 '그 메시아가 우리를 위해서 무엇을 했느냐?' 이 두 부분으로 설명을 합니다.

마가복음 전문을 구분해 보면 마가복음은 16장으로 구성되어 있는데, 1장부터 8장까지 정확하게 절반은 '예수님은 누구신가?'에 대한 내용을 설명을 하고 있고, 8장 후반부 이후 16장까지는 '예수님이 무엇을 하셨는가?', 다시 말하면 그의 죽음과 부활에 관한 것을 설명하고 있습니다. 그래서 마가복음은 다른 복음서보다 더 선명하게 '예수님의 인격, 1-8장', '예수님의 사역, 8-16장' 이렇게 반반씩 구분해서 설명을 하고 있습니다.

● **마가복음 8-16장, '예수, 그는 무엇을 하셨는가?' 예수님의 사역**(그리스도의 죽음과 부활)

그래서 우리가 마가복음 8:29에 보면 "너희는 나를 누구라고 하느냐?"하는 질문을 전후로 해서 이 질문에 베드로가 "주는 그리스도시니이다" 이렇게 대답한 직후부터 예수님의 사역, 곧 죽음과 부활에 관한 말씀을 비로소 가르치기 시작합니다. 그리고 그 고난과 부활에 관한 한 주 동안의 기사를 11-16장까지 여섯 장에 걸쳐서 기록을 합니다. 한 주 동안에 예수님의 하신 일, 곧 예수님의 죽음과 부활의 그 사역이 마가복음 전체 1/3을 넘게 기록되어 있습니다.

3. 예수, 그는 누구신가?
(예수는 하나님의 아들 그리스도)

우리는 먼저 1-8장에 걸쳐서 예수님의 인격, '예수님은 누구인가? 그가 누구이기에 우리에게 메시아가 될 수 있다는 말입니까? 그는 누구입니까?' 이 메시아를 설명하는 마가의 기록을 따라 예수님의 인격을 살필 것입니다. '예수 그는 구약성경에서 약속된 대망의 메시아요, 하나님의 아들이다. 신성을 가진 분이다.' 그렇게 설명하는 것이 오늘 마가복음의 시작입니다. 그래서 마가복음 기자는 이 사실을 설명하기 위해서 구약성경을 가지고 시작을 하고 있습니다.

● **그리스도의 선구자**(세례요한, 막 1:2-8)[2]

---

2) [마가복음 1:2-8, 개정]『[2] 선지자 이사야의 글에 보라 내가 내 사자를 네 앞에 보내노니 그가 네 길을 준비하리라 [3] 광야에 외치는 자의 소리가 있어 이르되 너희는 주의 길을 준비하라 그의 오실 길을 곧게 하라 기록된 것과 같이 [4] 세례 요한이 광야에 이르러 죄 사함을 받게 하는 회개의 세례를 전파하니 [5] 온 유대 지방과 예루살렘 사람이 다 나아가 자기 죄를 자복하고 요단 강에서 그에게 세례를 받더라 [6] 요한은 낙타털 옷을 입고 허리에 가죽 띠를 띠고 메뚜기와 석청을 먹더라 [7] 그가 전파하여 이르되 나보다 능력 많으신 이가 내 뒤에 오시나니 나는 굽혀 그의 신발끈을 풀기도 감당하지 못하겠노라 [8] 나는 너희에게 물로 세례를 베풀었

마가복음 1:2-3을 보면 "선지자 이사야의 글에 보라 내가 내 사자를 네 앞에 보내노니 그가 네 길을 준비하리라 광야에 외치는 자의 소리가 있어 이르되 너희는 주의 길을 준비하라 그의 오실 길을 곧게 하라" 그렇게 말합니다. 이 말씀은 구약성경에 약속된 메시아 그리스도를 보내겠다는 것입니다. 특별히 이사야 53장에 예언되어 있는 그 메시아를 보내는데, 그 메시아를 보내기에 앞서서 메시아의 선구자를 보내겠다는 말씀입니다.

여러분, 왕이 오기 전에 선구자가 와서 길을 닦아야 됩니다. 여러분 이명박 대통령이 우리 충성교회를 '몇 월 며칠 방문한다' 그러면 틀림없이 선발대가 먼저 와서 필요한 조치를 합니다. 그런 것처럼 왕 되신 그리스도가 오신다면 선구자가 와서 길을 닦아야 됩니다.

● **마가복음 1:9-13**[3](그리스도 사역 준비)

거니와 그는 너희에게 성령으로 세례를 베푸시리라.』
3) [마가복음 1:9-13, 개정]『[9] 그 때에 예수께서 갈릴리 나사렛으로부터 와서 요단 강에서 요한에게 세례를 받으시고 [10] 곧 물에서 올라오실새 하늘이 갈라짐과 성령이 비둘기 같이 자기에게 내려오심을 보시더니 [11] 하늘로부터 소리가 나기를 너는 내 사랑하는 아들이라 내가 너를 기뻐하노라 하시니라 [12] 성령이 곧 예

그 선구자가 세례 요한이라고 4절은 밝히고 있습니다. 4절 "세례요한이 광야에 이르러 죄사함을 받게 하는 회개의 세례를 전파하니" 그렇게 말합니다. 그러니 세례 요한은 메시아 되신 예수님의 선구자로서 주의 길을 준비하기 위해서 온 자였습니다. 그래서 그는 7-8절에서 자신은 메시아가 아니고 메시아의 선구자에 불과한 자라고 말하고 있는 것입니다. 자기는 물로 세례를 주지만, 메시아가 오면 성령으로 세례를 베푸시리라고 8절에서 그렇게 말합니다.

그러니 세례 요한은 메시아 되신 예수님에 비하면 그분의 신들메라도 풀 수 없는 그런 부족한 사람이지만, 앞으로 내 뒤에 오실 메시아 그분은 성령으로 세례를 줄 것이다, 다시 말하면 새로운 시대가 오면, 메시아 시대가 전개되어지면, 그 시대의 특징은 성령을 부어주시리라는 것입니다.

수를 광야로 몰아내신지라 [13] 광야에서 사십 일을 계시면서 사탄에게 시험을 받으시며 들짐승과 함께 계시니 천사들이 수종들더라.』

예수님의 초림과 재림 사이에 위치한 모든 시대는 우리 예수님이 성령을 부으셔서 성령으로 통치하는 시대입니다. 누구든지 예수님을 그리스도로 믿으면 성령을 선물로 받습니다. 그러면 성령님이 하나님 나라의 독특한 축복을 우리로 누리게 합니다. 여러분이 성령의 실재성을 잘 모른다면 새시대에 사는 사람이 아니라 구시대에 사는 사람입니다. 구시대는 개개인 속에 성령이 임하지 않았으니까 율법으로 살았던 것입니다. 지금은 성령이 임해서 율법을 내가 스스로 성취할 수 없기 때문에 성취할 수 있는 마음을 주셔서 성취하게 한다는 말입니다.

그런데 오늘날도 보면 신자들 가운데 내 안에 성령께서 계셔서 자원하는 마음으로 하나님 사랑과 이웃 사랑을 해야 되는데, 하기가 싫어서, 무척 힘들어 하는 것 같습니다. "아하 저 사람은 구시대 사람이구나. 구약 백성들처럼 율법의 저주가 무서워서 예수님을 믿는구나." 주일날 교회 출석하는 데도 안 하면 큰 저주 내릴 것 같으니까 주일성수합니다. 십일조 안 하면 무슨 큰 재앙이 떨어질 것 같으니까 무서워서 합니다. 구약 백성들이 그랬습니다.

그러나 지금 신약 백성들은 예수님을 믿으니 예수님의 영이 와서 새시대에 산다는 말입니다. 기쁨으로 하는 것입니다. '어떻게 그것이 가능합니까?' 성령께서 그렇게 만들어주시는 것입니다. 이것이 새시대에 예수님이 오셔서 예수의 영으로 통치하는 시대의 특징입니다. 성령의 권능을 받아 기쁨과 자원하는 마음으로 하나님 사랑과 이웃 사랑을 실천하여 사는 것입니다.

그래서 예수님은 지금 이 새 시대에 성령의 권능이 임해서 신령한 하나님의 나라를 이루며 사는 새로운 세계를 세우고자 준비를 하고 있습니다. 그런데 그 준비를 하려면 어떻게 해야 됩니까? 첫 사람 아담이 하나님께 범죄해서 하나님의 나라가 붕괴 되었습니다.

여러분이 구약성경을 잘 연구해 보면, 아담이 범죄하기 전에 아담 안에는 틀림없이 하나님의 성령의 역사가 있었습니다. 왜 그렇습니까? 하나님이 사람을 지으시고 생기를 그 코에 불어 넣으시니 사람이 생령이 되었기 때문에(창 2:7)[4] 하나님의 성령이 그 안에 충만히 거했다고 볼 수 있습니다. 그런데 인간이 마귀의 유혹으로 하나님께 범죄하고 하나님을 떠나버리니 성령도 떠나버렸습니다. 하나님의 신이 떠나버렸습니다. 그러니까 인간은 하나님의 은혜를 받지 못하고 이제 황폐하게 사는 것입니다.

하나님의 성령이 떠나버린 이후 황폐한 사람을 회복하기 위해서, 즉 예수님은 아담이 실패했던 것을 회복하기 위해서 오셨습니다. 예수님은 죄가 없으신 분으로서 아담의 죄를 대신 짊어져 주셔야 되고 첫 사람 아담이 마귀의 유혹을 받아서 실패했기 때문에 마귀의 유혹을 자기가 직접 받아 그것을 극복하고 승리하는 사건을 겪어야 그가 메시아 사역을 할 수 있는 자격을 얻는 것입니다.

---

4) [창세기 2:7, 개정] 『여호와 하나님이 땅의 흙으로 사람을 지으시고 생기를 그 코에 불어넣으시니 사람이 생령이 되니라.』

그는 이미 메시아로 오셨지만, 그 메시아 사역의 준비를 먼저 합니다. 그래서 요단강에서 죄가 없으시지만 인간의 죄를 담당하기 위해서 회개의 세례를 받습니다. 그리고 이어서 마가복음 1:12-13에서는 사탄에게 시험을 받지만 승리를 합니다. 첫 사람 아담이 실패한 것을 마지막 아담이신 예수님은 마귀를 물리치므로 승리를 합니다. 이제 예수님은 메시아의 본격적인 사역을 할 수 있는 자격을 얻으셨습니다. 이렇게 새 시대를 여는 메시아로서 예수님은 하나님 나라의 복음을 전파하기 시작했습니다.

마가복음 1:15 "때가 찼고 하나님의 나라가 가까웠으니 회개하고 복음을 믿으라"고 말씀합니다. 이제 본격적으로 메시아로 자격을 확실하게 얻으신 예수님이 복음을 선포한 것이지요. "때가 찼다" 이 말은 무슨 말입니까? 예수님은 하나님이 인정하신 그때가 찼다는 말을 하는 것입니다. 다시 말하면 구약성경에 그리스도의 왕국, 메시아의 왕국이 약속되었고, 여자의 후손이 와서 뱀의 머리를 상하게 할 것이라고 약속했는데 그때가 지금 찼다 이 말입니다. 구약의 기간이 다 차서 이제 새로운 시대를 열려고 왔다는 그 말입니다.

● 하나님 나라가 가까이 왔다

예수님은 하나님 나라를 전파함에 있어서 예수님 자신이 하시는 일을 전파하셨습니다. 하나님 나라가 가까이 왔느니라고 한 것은 예수님이 부활 승천 후 성령으로 충만한 임재가 있기 전에는 완전히 하나님 나라가 도래한 것으로 여겨지지 않았기 때문입니다.

예수님은 "때가 찼고 하나님의 나라가 가까이 왔다"고 말씀하셨습니다. '하나님의 나라', 나라라는 말은 통치권을 의미합니다. '대한민국의 나라' 하면, 대한민국의 주권, 대한민국의 통치권이 이뤄지는 것이 대한민국입니다. 대한민국의 통치권이 이뤄지지 않는다면 대한민국이라고 할 수가 없습니다. 그래서 하나님의 나라는 하나님의 통치를 말합니다.

지금 세상은 사탄의 나라, 사탄의 왕국인데, 이 세상 나라가 사탄에게 소속되어 사탄이 거짓말로 통치하고 있는 나라인데, 이 나라를 정복하기 위해서 하나님의 나라가 이 세상나라 속으로 들어왔습니다. 죄와 죽음으로 통치하는 이 세상나라에 생명과 은혜로 통치하는 하나님의 나라를 가지고 오신 분이 있는데, 그분이 나사렛 예수입니다. 그는 하나님 나라의 왕, 메시아의 자격으로 오셨습니다.

그러니 예수님은 자체가 하나님의 나라입니다. 예수님은 하나님 나라의 왕이시기 때문에 왕이 계신 곳에 하나님 나라가 임하니까 예수님은 곧 하나님 나라의 왕이고 하나님 나라 자체입니다. 예수님은 하나님 나라를 가지고 이 세상에 들어오셨습니다.

그래서 예수님이 하나님의 나라를 전파하는데, 그러면 그분이 오셨으면 "하나님 나라가 왔다" 그렇게 말씀해야 할 것인데, "가까이 왔다" 그렇게 말씀합니다. 왜 그렇게 말씀하셨습니까? 그것은 하나님 나라를 건설함에 있어서 예수님 자신이 하시는 일을 전파하셨기 때문에 "하나님의 나라가 가까이 왔다" 그렇게 말씀하신 것입니다. 하나님의 나라가 예수님 자체인데 예수님이 하나님의 나라를 완전히 다 가지고 오신 것은 아니었습니다. 예수님이 하신 사역이 완성이 되어지고, 그 완성된 사역을 쫓아 예수님의 영이 임해야 하나님 나라가 이 땅에 건설되는 것입니다.

그러니 예수님이 죽으시고 부활 승천하신 다음에 그의 영인 성령을 보내셔서 성령이 임해야 하나님 나라가 임한다 이 말입니다. "하나님 나라가 왔다" 그렇게 말씀하지 않고 "하나님 나라가 가까이 왔다" 그렇게 예언적으로 말씀한 것입니다. 다시 말하면 예수님은 그 자신이 하는 일이 곧 하나님 나라의 일이 되었습니다. 그가 하나님 나라를 이 땅에 건설하기 위해서 오셨기 때문에 그 자신이 하시는 일 자체가 하나님 나라의 일이었습니다.

이 말씀은 조금 어렵기 때문에 다시 정리하겠습니다.

예수님이 하신 사역은 하나님 나라의 복음을 전파하는 것이었습니다. 다른 말로 하면 하나님 나라를 건설함에 있어서 예수님 자신이 하시는 일을 전파하는 것이었습니다. 예수님은 그 나라를 예언적으로 전파하셨습니다. 그 위대한 하나님 나라 복음이 충만히 전파되기 전에 예수님께 십자가의 죽음이 기다리고 있었습니다.

그럼에도 불구하고 예수님은 모든 성(城)과 촌에 두루 다니시면서 하나님 나라를 전파하셨습니다. 그리하여 예수님이 가신 곳곳마다 세상 나라의 세력 사탄과 흑암 세력이 무너지고, 병든 자가 치유되는 하나님 나라가 임하는 것을 마가복음 1-8장에 걸쳐서 보게 될 것입니다.

예수님은 "때가 찼고 하나님의 나라가 가까이 왔으니 회개하고 복음을 믿으라"고 하셨습니다. 여기서 '회개'라는 말을 바로 이해할 필요가 있습니다. 회개[5]라는 것은 '달리 생각한다', 다시 말하면 '마음 또는 사고방식이나 감정을 고치는 것'을 말합니다. 변화입니다. 그런데

---

5) 회개를 뜻하는 구약성경 히브리어 "슈브"(שוב)나 신약성경 헬라어 "메타노이아"(μετανοια)는 이 세상을 향하여 있던 죄의 마음을, 하나님의 은혜의 세계로 방향을 바꾸는 것으로서 돌아선다는 의미인 전면적 전환을 말한다.

보통 사람들이 '회개한다' 그러면 어떻게 생각하느냐? 눈물 흘리고 가슴을 치는 것을 회개라고 봅니다. 그것은 회개의 결과이지 회개 자체는 아닙니다. 회개하면 그런 결과가 나올 수 있습니다.

그러나 참다운 회개는 마음을 바꾸는 데, 어떻게 바꾸느냐? 표적이 있습니다. 마음의 고침의 표적이 있는데, 그 표적이 그리스도입니다. 그리스도에 대한 잘못된 관념을 고치고 그리스도를 개인의 구주로 받아들이는 것, 이것이 회개입니다. 일생에 한 번 있을 수 있는 일입니다.

그러니까 '울고 눈물 흘렸으니까 회개했다' 하여도 소용없습니다. 그런 사람들이 많습니다. 그때 어떤 분위기 때문에 흥분되어 울고 회개했다고 생각하나 시간이 지나고 나면 원상복귀가 되고 맙니다. 마음의 변화가 없습니다. 왜 그렇습니까? 회개의 목표가 그리스도인데, 그리스도를 향해서 방향은 바꿔지지 않고 그 마음속으로 감정만 일시적으로 충만했던 것입니다. 이것은 회개가 아닙니다.

다시 말하면 마음의 변화를 받는 회개의 표적이 그리스도이기 때문에, 회개를 했다면 이전에는 예수님을 그리스도로 생각을 안했고, 다만 '예수님이 성인이나 훌륭한 사람' 정도로 생각했는데, '아! 그가 내 인생의 저주와 재앙을 해결하고 하나님을 만나게 하는 진정한 메시아 그리스도구나' 이렇게 믿게 되는 것입니다. 이것이 진정한 회개입니다.

이렇게 회개와 믿는 것, 곧 회개와 믿음은 동전의 양면과 같습니다. 회개는 믿음을 일깨워주고, 믿음은 복음적 회개를 가능케 해주는 것입니다. 그래서 예수님이 "회개하고 복음을 믿으라", "내가 계속해서 지금 하나님 나라 일을 하고 있고, 내가 메시아고 내가 지금 하는 것을 보라 나를 믿어라. 내가 그리스도다" 생각을 바꾸라고 그렇게 말씀하시는 것입니다.

● 예수님에 의해 하나님의 나라가 가시적으로 임한 증거, 곧 예수님이 하나님의 아들 그리스도의 인격을 가지신 분 증거

예수님은 지금 자신을 통해서 하나님 나라가 바로 그 세대에 임했으니까 그가 행한 능력의 일들이 그 나라가 임했다는 가시적인 증거라고 이제 선언하시기 위해서, 예수님은 곳곳에 다니시면서 하나님 나라가 임했다는 증거들을 나타내줍니다. 이것이 1-8장까지 일어난 사건입니다. 그 일들을 보면서 예수님은 "나를 하나님의 아들, 나를 메시아로 믿어라. 너희 생각을 바꾸라"고 말씀하시는 것입니다.

이런 사건들 중에 특징적인 것을 세 가지로 나눠 볼 수 있는데, 먼저 예수님이 가시는 곳에 **귀신들이 쫓겨나가고, 병이 치료가 되고, 무질서한 자연이 질서를 얻어** 주님의 명령에 순복합니다. 이런 일에서 하나님의 나라, 예수의 나라, 메시아의 나라가 전진하고 사탄이 지배하는 세상 나라가 후퇴하는 것을 우리는 보는 것입니다.

예수는 그리스도 51

① **귀신이 쫓겨나감**(막 1:21-26[6], 막 3:11[7], 요일 3:8[8])

먼저 본문 마가복음 1:21 이하를 보면, "그들이 가버나움에 들어가니라" 예수님 일행이 가버나움에 들어갔습니다. 그런데 마침 23-24절을 보면, "마침 그들의 회당에 더러운 귀신 들린 사람이 있어 소리 질러 이르되 나사렛 예수여 우리가 당신과 무슨 상관이 있나이까 우리를 멸하러 왔나이까 나는 당신이 누구인 줄 아노니 하나님의 거룩한 자니이다" 이렇게 말합니다.

이어지는 장면에서 "예수께서 꾸짖어 이르시되 잠잠하고 그 사람에게서 나오라"고 말씀하시니 더러운 귀신이 나옵니다. 예수님이 계신 곳에 귀신이 쫓겨납니다.

---

6) [마가복음 1:21-26, 개정]『[21] 그들이 가버나움에 들어가니라 예수께서 곧 안식일에 회당에 들어가 가르치시매 [22] 뭇 사람이 그의 교훈에 놀라니 이는 그가 가르치시는 것이 권위 있는 자와 같고 서기관들과 같지 아니함일러라 [23] 마침 그들의 회당에 더러운 귀신 들린 사람이 있어 소리 질러 이르되 [24] 나사렛 예수여 우리가 당신과 무슨 상관이 있나이까 우리를 멸하러 왔나이까 나는 당신이 누구인 줄 아노니 하나님의 거룩한 자니이다 [25] 예수께서 꾸짖어 이르시되 잠잠하고 그 사람에게서 나오라 하시니 [26] 더러운 귀신이 그 사람에게 경련을 일으키고 큰 소리를 지르며 나오는지라.』
7) [마가복음 3:11, 개정]『더러운 귀신들도 어느 때든지 예수를 보면 그 앞에 엎드려 부르짖어 이르되 당신은 하나님의 아들이니이다 하니.』
8) [요한일서 3:8, 개정]『죄를 짓는 자는 마귀에게 속하나니 마귀는 처음부터 범죄함이라 하나님의 아들이 나타나신 것은 마귀의 일을 멸하려 하심이라.』

하나님 나라가 임한 곳에 세상나라, 사탄의 나라가 무너지는 것입니다. 요한일서 3:8을 보면 "하나님의 아들이 나타난 것은 마귀의 일을 멸하려 하심이라" 말합니다. 이제 이 말씀이 성취되어 가고 있는 것입니다.

우리 주님이 이렇게 귀신들이 쫓겨나가는 것을 보이면서 '내가 하나님의 아들이고 그리스도인 것을 알아라' 그 말입니다. 자기 인격을 드러내는 것입니다. 더더구나 마가복음 3:11에 보면, 더러운 귀신들도 어느 때든지 예수님을 보면 "그 앞에 엎드려 부르짖어 이르되 당신은 하나님의 아들이니이다" 이렇게 고백을 했습니다. 귀신들도 예수님이 누구라는 것을 알았다는 말입니다. 예수님이 하나님의 아들이라는 것을 알았다는 말입니다. 이렇게 세상 임금 사탄의 나라가 무너지면서 하나님의 나라가 예수님이 가는 곳에 세워지는 것입니다. 이것이 바로 복음입니다.

② **질병의 치료**(막 1:29-34[9])

또 한편 마가복음 1:21에 보면, 가버나움 회당에 들어갔을 때 귀신을 쫓아내신 그리스도께서는 이제 질병의 치료자로 자신을 드러내십니다. 여러분이 사복음서를 보면 수많은 곳에서, 수많은 사람들이 질병의 치료를 받습니다. 마가복음 1:29-34에서도 예수님이 지금 가버나움 회당에 처음 들어가셔서 귀신을 쫓아낸 다음에 질병을 치료하기 시작합니다.

마가복음 1:29 이하에 보면, "회당에서 나와 곧 야고보와 요한과 함께 시몬과 안드레의 집에 들어가시니 시몬의 장모가 열병으로 누워 있는지라 사람들이 곧 그 여자에 대하여 예수님께 여짜온대 나아가사 그 손을 잡아 일으키시니 열병이 떠나고 여자가 그들에게 수종드니라" 열병이 떠나가 버렸습니다.

---

[9] [마가복음 1:29-34, 개정] 『[29] 회당에서 나와 곧 야고보와 요한과 함께 시몬과 안드레의 집에 들어가시니 [30] 시몬의 장모가 열병으로 누워 있는지라 사람들이 곧 그 여자에 대하여 예수께 여짜온대 [31] 나아가사 그 손을 잡아 일으키시니 열병이 떠나고 여자가 그들에게 수종드니라 [32] 저물어 해 질 때에 모든 병자와 귀신 들린 자를 예수께 데려오니 [33] 온 동네가 그 문 앞에 모였더라 [34] 예수께서 각종 병이 든 많은 사람을 고치시며 많은 귀신을 내쫓으시되 귀신이 자기를 알므로 그 말하는 것을 허락하지 아니하시니라.』

이렇게 예수님이 계신 곳에 질병이 낳는다는 소문을 들으니까 그 동네 사람들이 모두 몰려 왔습니다. 33절에 보면 "온 동네가 그 문 앞에 모였더라"고 말합니다. 예수님은 각종 병이 든 많은 사람들을 치료하고 귀신을 쫓아냈습니다. 그러면 예수님의 병자 치유가 무엇을 의미하는가? 그것은 바로 예수님이 선포하시는 하나님 나라의 복음이 실제화 되고 있다는 것에 대한 현장이고, 시위요, 해설이고, 예시(例示)라고 볼 수가 있습니다.

이와 같이 하나님 나라의 복음이 전파되면 치료가 나타난다는 말입니다. 오늘 이 시간에 여러분, 저도 우리 주님의 말씀을 대신해서 선포하고 있기 때문에 오늘 병든 자는 치료받기를 바랍니다. 이 글을 읽는 분도 치료받기를 기원합니다. 하나님 나라의 복음이 선포되면 질병의 치료가 나타나게 되어 있습니다.

그러면 왜 예수님은 하나님 나라의 선포의 결과로 병자를 치료하시느냐? 죄는 사실은 영혼의 질병이기 때문에 그렇습니다. 우리 주 그리스도께서 육신의 병을 고쳐

주는 일은 죄를 사해주는 일의 상징이 된다는 말입니다.

마가복음 2:5에 보면, 중풍병자를 치료하는데, 주님이 어떻게 말씀하시는지를 보면, "병이 낳아라" 말씀하지 않고 "네 죄 사함을 받았느니라"고 말씀합니다. 이와 같이 말씀을 합니다. 그러니까 유대인들이 시비를 했습니다. '하나님만 죄 사함을 주시는데 감히 인간 예수가 죄 사함을 준다고 하느냐?' 그것을 알고 예수님은 자기에게 죄를 사하는 권세가 있음을 보여주기 위해서 "일어나 네 상을 가지고 집으로 가라"고 말씀하셔서 치료를 해 주십니다.

마가복음 1:40-45에 보면, 더욱이 나병 환자를 깨끗하게 합니다. 나병 환자가 "원하시면 저를 깨끗하게 하실 수 있나이다" 말하니 "내가 원하노니 깨끗함을 받으라" 말씀하셔서 나병이 낳았습니다.

여러분 '죄는 어떤 것이냐' 하면, 우리 양심을 더럽게 하는 우리 영혼의 나병입니다.[10] 우리가 범죄를 하면 나

---

10) 여기에 관한 보다 자세한 내용은 『하나님을 만나는 길』(CLC, 2012)에서 깊이

병과 같은 그런 것들이 우리 영혼에 붙어 있게 됩니다. 이것은 하나님이 아니면 치료할 수가 없습니다. 육신에 붙어 있으면 떨어내면 되는데, 영혼에 붙어있기 때문에 영혼의 질병인 죄는 인간 스스로가 치료할 수가 없습니다. 죄는 마음에 거하는 나병입니다. 그래서 육신의 나병을 치료해주시는 예수님의 활동은 우리 영혼의 나병인 죄를 깨끗케 해주시는 그리스도이심을 증거하는 것입니다. 그리스도는 바로 치료의 직함입니다.

③ **자연계의 주권자**(막 4:35-41[11])

또 마가복음 4:35 이하를 보면, 예수님은 바람과 바다를 잔잔하게 하시는 권능을 행하십니다. 자연세계도 예

다루고 있습니다.
11) [마가복음 4:35-41, 개정]『[35] 그 날 저물 때에 제자들에게 이르시되 우리가 저편으로 건너가자 하시니 [36] 그들이 무리를 떠나 예수를 배에 계신 그대로 모시고 가매 다른 배들도 함께 하더니 [37] 큰 광풍이 일어나며 물결이 배에 부딪쳐 들어와 배에 가득하게 되었더라 [38] 예수께서는 고물에서 베개를 베고 주무시더니 제자들이 깨우며 이르되 선생님이여 우리가 죽게 된 것을 돌보지 아니하시나이까 하니 [39] 예수께서 깨어 바람을 꾸짖으시며 바다더러 이르시되 잠잠하라 고요하라 하시니 바람이 그치고 아주 잔잔하여지더라 [40] 이에 제자들에게 이르시되 어찌하여 이렇게 무서워하느냐 너희가 어찌 믿음이 없느냐 하시니 [41] 그들이 심히 두려워하여 서로 말하되 그가 누구이기에 바람과 바다도 순종하는가 하였더라』

수님의 권세에 복종하는 것입니다. 마가복음 4장을 읽어 보면, 예수님이 제자들과 함께 배를 타고 가는데 물결이 배에 부딪쳐 들어와 배에 가득해서 죽게 되었습니다.

그런데 예수님은 고물에서 베개를 베고 주무시니까 제자들이 깨우며 이르되 "선생님이여 우리가 죽게 된 것을 돌보지 아니하시나이까" 말하니까, 39절에서 "예수께서 깨어 바람을 꾸짖으시며 바다더러 이르시되 잠잠하라 고요하라 하시니 바람이 그치고 아주 잔잔하여지더라" 이러한 장면이 나옵니다.

이런 권능을 보고 제자들은 심히 두려워하여 서로 말하되 "그가 누구이기에 바람과 바다도 순종하는가"라고 말했습니다. 그가 누구입니까? 그가 하나님의 아들입니다. 그가 그리스도입니다. 예수님은 무질서한 자연이 예수님을 인정하는 사건 속에서 자신이 하나님의 아들, 바람과 물결을 제어하는 권능의 그리스도인 것을 사람들에게 알리게 하셨던 것입니다.

이렇게 예수님이 자신을 하나님의 아들로서 곳곳에 돌아다니면서 나타내니까 예수님의 이름이 온 세상에

알려지게 되었습니다. 그래서 이스라엘 사람들이 '아니 어떤 젊은이가 나타나서 어마어마한 일을 하는데 메시아가 아니겠느냐?' 이렇게 소문이 퍼졌습니다. 더더구나 벳새다 들녘에서 오천 명을 기적으로 먹이는 사건을 일으킵니다. 그러니까 이제 '진정한 그리스도다, 왕이다' 그러면서 왕으로 모시려고 합니다.

그러나 예수님은 이를 거절하셨습니다. 예수님은 이스라엘 백성의 육신적 그리스도가 되시기 위해서 이 세상에 오신 것이 아니라 온 인류를 죄에서 구원하시는 하나님 나라의 왕인 그리스도가 되시기 위해서 오셨기 때문입니다. 예수님은 앞으로 그의 죽음과 부활을 통해서 지금까지 자신이 그리스도이심을 증거하는 모든 표적을 능가하는 사역, 곧 그리스도의 사건(그리스도의 죽음과 부활)을 일으키실 것입니다.

● 예수님의 3년 공생애 사역 결산(막 8:27-30[12])

예수님은 이제 마가복음 1장부터 시작해서 8장까지 자신이 누구인가를 세상 사람들에게 분명하게 증거 하셨습니다. 예수님이 이제까지 자신이 하나님의 아들 그리스도 되심의 지위로서 행하신 3년 동안의 공생애 모든 것을 이제 결산하실 때가 되었습니다. 마침 빌립보 가이사랴 마을로 가실 때였습니다. 공생애 후반부입니다.

마가복음 8:27 이하에 보면 예수님은 거기서 "사람들이 나를 누구라고 하느냐?" 제자들에게 물었습니다. 그러니까 제자들이 여짜와 이르되 "세례 요한이라고 하고 더러는 엘리야, 더러는 선지자 중의 하나라 하나이다" 물론 잘 못 본 것입니다. 그가 하나님의 아들로서, 또 그리스도로서 인격을 드러냈는데, 세상 사람들은 잘 모르는 것입니다. 오늘날 많은 사람들이 예수님을 성인으로

---

12) [마가복음 8:27-30, 개정] 『[27] 예수와 제자들이 빌립보 가이사랴 여러 마을로 나가실새 길에서 제자들에게 물어 이르시되 사람들이 나를 누구라고 하느냐 [28] 제자들이 여짜와 이르되 세례 요한이라 하고 더러는 엘리야, 더러는 선지자 중의 하나라 하나이다 [29] 또 물으시되 너희는 나를 누구라 하느냐 베드로가 대답하여 이르되 주는 그리스도시니이다 하매 [30] 이에 자기의 일을 아무에게도 말하지 말라 경고하시고.』

본다든가 사회혁명가로 본다든가 무슨 율법의 대가(大家)로 본다든가 하는 것과 같은 것입니다.

4. 예수, 그는 무엇을 하셨는가?
(그리스도의 죽음과 부활의 사역)

● 마가복음 8:29-31[13]

만족을 못했기 때문에 또 물으시되 마가복음 8:29 "너희는 나를 누구라 하느냐?" 제자들에게 물었습니다. 그러니까 베드로가 대답하여 이르되 "주는 그리스도시니이다" 엄청난 신앙의 고백을 했습니다. 하나님이 알게 하신 고백이었습니다.

'주는 그리스도십니다. 예수님은 그리스도십니다.' 예수님은 이 고백을 들으시고 "이에 자기의 일을 아무에게도 말하지 말라 하시고" 그러면서 본격적으로, 마가복음 8:31 "인자가 많은 고난을 받고 장로들과 대제사장들과 서기관들에게 버린 바 되어 죽임을 당하고 사흘 만에 살아나야 할 것을 비로소 그들에게 가르치시되"라고 말씀

---

13) [마가복음 8:29-31, 개정] 『[29] 또 물으시되 너희는 나를 누구라 하느냐 베드로가 대답하여 이르되 주는 그리스도시니이다 하매 [30] 이에 자기의 일을 아무에게도 말하지 말라 경고하시고 [31] 인자가 많은 고난을 받고 장로들과 대제사장들과 서기관들에게 버린 바 되어 죽임을 당하고 사흘 만에 살아나야 할 것을 비로소 그들에게 가르치시되.』

하셨습니다.

예수님은 지금까지 자신이 그리스도이심을 드러내는 활동을 해 오셨습니다. 물론 세상 사람들은 이것을 알지 못했습니다. 그런데 이제 하나님의 때가 되어 베드로가 "주는 그리스도시니이다"는 신앙고백을 하자 **그리스도 사역의 본질 곧 그리스도의 죽음과 부활이라는 그리스도의 사건**을 말씀하시기 시작합니다.

'그리스도'는 인생문제 해결의 직분이요 직함입니다. 죄와 죽음의 문제, 율법과 재앙의 문제, 지옥과 사탄의 문제, 하나님을 만나 교제하게 하는 인생 근본문제 해결의 직분입니다.

이 그리스도 직분은 그리스도의 죽음과 부활로만 완성될 수 있는 영적 직분이요 오직 죄가 없이 이 땅에 인간으로 오신 하나님의 아들 예수님만이 수행하시는 직분입니다. 그래서 예수님은 마가복음 8:31에서 그의 죽음과 부활을 제자들에게 미리 예언하시고 가르치신 것입니다.

● 마가복음 9:30-31[14], 10:32-34[15]

이 죽음과 부활을 8장에서 말씀하셨지만, 대체로 크게 세 번에 걸쳐서 말씀을 합니다. 마가복음 9:30-31에서도 죽음과 부활을 예언하시고, 마가복음 10:31-34에서도 예언을 합니다.

33-34절을 보면, "보라 우리가 예루살렘에 올라가노니 인자가 대제사장들과 서기관들에게 넘겨지매 그들이 죽이기로 결의하고 이방인들에게 넘겨주겠고 그들은 능욕하며 침 뱉으며 채찍질하고 죽일 것이나 그는 삼 일 만에 살아나리라" 그렇게 말씀했습니다.

---

14) [마가복음 9:30-31, 개정]『[30] 그 곳을 떠나 갈릴리 가운데로 지날새 예수께서 아무에게도 알리고자 아니하시니 [31] 이는 제자들을 가르치시며 또 인자가 사람들의 손에 넘겨져 죽임을 당하고 죽은 지 삼 일만에 살아나리라는 것을 말씀하셨기 때문이더라.』

15) [마가복음 10:32-34, 개정]『[32] 예루살렘으로 올라가는 길에 예수께서 그들 앞에 서서 가시는데 그들이 놀라고 따르는 자들은 두려워하더라 이에 다시 열두 제자를 데리시고 자기가 당할 일을 말씀하여 이르시되 [33] 보라 우리가 예루살렘에 올라가노니 인자가 대제사장들과 서기관들에게 넘겨지매 그들이 죽이기로 결의하고 이방인들에게 넘겨 주겠고 [34] 그들은 능욕하며 침 뱉으며 채찍질하고 죽일 것이나 그는 삼 일 만에 살아나리라 하시니라.』

● **마가복음 10:45**[16] ('대속물'이란 대신 속죄하는 제물)

 그러면 '왜 예수님은 예루살렘에 올라가 죽으셔야 하는가?' 이것을 우리 주님은 제자들이 이해를 못하니까 가르쳐 줍니다. 마가복음 10:45, 이 구절은 마가복음의 주제이기도 합니다. 예수님은 내가 예루살렘에 올라가서 왜 죽어야 되느냐? 그 이유를 설명합니다. 마가복음 10:45에서 "인자가 온 것은 섬김을 받으려 함이 아니라 도리어 섬기려 하고 자기 목숨을 많은 사람의 대속물로 주려 함이니라" 그렇게 말씀을 했습니다. 자기 목숨을 많은 사람의 대속물로 주시기 위해서 예수님은 예루살렘에 죽으러 올라가는 것입니다.

 이것이 그리스도 사역의 중심이고 핵심입니다. 예수님이 하신 일이 많이 있지만 그런 것들은 자기 인격을 드러낸 것이고, 본격적으로 하신 일은 그의 죽음과 부활의 사역입니다. 예수님은 많은 사람의 죄를 대신 속죄하는 제물이 되시고자 세상에 오신 것입니다. 이것이

---

16) [마가복음 10:45, 개정]『인자가 온 것은 섬김을 받으려 함이 아니라 도리어 섬기려 하고 자기 목숨을 많은 사람의 대속물로 주려 함이니라.』

그리스도 사역의 완성이었습니다. 저와 여러분이 하나님 앞에 지은 죄를 대신 속죄하는 형벌을 받으실 제물이 되시고자 오신 것입니다.

● 예루살렘 입성(왕으로서, 제사장으로서, 선지자로서 입성)

그러므로 누구든지 예수님의 대속의 죽음을 믿을 때 죄 사함 받고 구원을 얻는 것입니다. 이렇게 많은 사람의 대속물이 되시고자 예수님은 왕도(王都)인 예루살렘으로 입성하시는 것입니다. 예수님은 예루살렘에서 대속의 죽음을 당하시고 장사한지 삼일 만에 부활하시므로 예수님이 인생의 모든 문제를 해결하신 그리스도이심을 입증하게 될 것입니다

그리스도의 죽음과 부활의 사건, 이것을 그리스도의 사건이라고 합니다. 이 죽음과 부활의 사건을 일으키기 위해서 예수님은 예루살렘으로 입성을 하십니다. 다른 표현으로 말하면 하나님 나라의 왕 그리스도로 취임하시기 위해서 예루살렘에 입성을 합니다. 인간의 죄를

정복하고 이 세상 임금 사탄을 정복하기 위해서 예루살렘에 가서 죽으시고자 입성을 하십니다. 그리스도의 죽음으로 죽음의 세력을 잡은 자 마귀를 정복할 수 있기 때문입니다(히 2:14).

또 예수님은 하나님과 인간 사이의 장벽을 허물어 하나님 만나는 길을 열어주시기 위해 대제사장으로 입성하십니다. 또한 예수님은 하나님을 떠난 인생들에게 하나님을 알게 하고, 하나님과 하나님 나라의 비밀을 알게 해주시는 선지자로서 입성하십니다.

① **왕되신 그리스도로 입성**(막 11: 1-11[17])

먼저 첫 날에는 우리 예수님께서 왕되신 그리스도로 입성을 하십니다. 오늘 마가복음 11:1-11을 보면서 그 내용을 확인할 수가 있습니다. 특별히 7절에 보면, 예수님이 이제 왕으로 취임하시기 위해서 입성을 하시는데, 천군만마와 병거를 대동하고 들어가는 것이 아니라 나귀새끼를 타고 입성합니다.

이때 사람들은 호산나하고 찬양하는데 꼭 어떻게 보면 연극하는 것 같습니다. 그런데 예루살렘에 입성하신 다음에 11절, "예수께서 예루살렘에 이르러 성전에 들어

---

17) [마가복음 11:1-11, 개정]『[1] 그들이 예루살렘에 가까이 와서 감람 산 벳바게와 베다니에 이르렀을 때에 예수께서 제자 중 둘을 보내시며 [2] 이르시되 너희는 맞은편 마을로 가라 그리로 들어가면 곧 아직 아무도 타 보지 않은 나귀 새끼가 매여 있는 것을 보리니 풀어 끌고 오라 [3] 만일 누가 너희에게 왜 이렇게 하느냐 묻거든 주가 쓰시겠다 하라 그리하면 즉시 이리로 보내리라 하시니 [4] 제자들이 가서 본즉 나귀 새끼가 문 앞 거리에 매여 있는지라 그것을 푸니 [5] 거기 서 있는 사람 중 어떤 이들이 이르되 나귀 새끼를 풀어 무엇 하려느냐 하매 [6] 제자들이 예수께서 이르신 대로 말한대 이에 허락하는지라 [7] 나귀 새끼를 예수께로 끌고 와서 자기들의 겉옷을 그 위에 얹어 놓으매 예수께서 타시니 [8] 많은 사람들은 자기들의 겉옷을, 또 다른 이들은 들에서 벤 나뭇가지를 길에 펴며 [9] 앞에서 가고 뒤에서 따르는 자들이 소리 지르되 호산나 찬송하리로다 주의 이름으로 오시는 이여 [10] 찬송하리로다 오는 우리 조상 다윗의 나라여 가장 높은 곳에서 호산나 하더라 [11] 예수께서 예루살렘에 이르러 성전에 들어가사 모든 것을 둘러 보시고 때가 이미 저물매 열두 제자를 데리시고 베다니에 나가시니라.』

가사 모든 것을 둘러보시고" 그리고는 나갑니다.

　예수님이 왕으로 예루살렘에 입성하신 것을 볼 때에 나귀타고 가는 것을 보면 이 세상나라 왕으로 입성한 것은 아니라는 것을 볼 수가 있습니다. 나귀타고 입성한 예수님을 당국자들은 별로 관심도 안 가진 것입니다. 만일에 병거를 끌고 입성했다면, 빌라도나 다른 사람들이 가만히 있었겠습니까? 무슨 장난치는 것처럼 나귀타고 입성하시니까 무시한 것입니다. 그러나 예수님이 나귀를 타시고 예루살렘에 들어가셨다 하는 것을 볼 때에 그가 앞으로 십자가로 승리할 것을 예고하신 상징적 행위라고 우리가 볼 수 있습니다.

　나귀타고 입성하신 그리스도께서는 예루살렘에 이르러 왕궁으로 가시지 않고 먼저 어디로 갔느냐? 성전으로 들어가셔서 보셨습니다. 이 사실은 예수님이 천국의 왕으로 입성하셨을 뿐만 아니라 그 왕의 직함이 동시에 대제사장직을 겸직한 것을 나타낸 것입니다. '예수님은 왕이시면서 대제사장이다'는 말인 것입니다.

② 제사장으로 입성(막 11: 15-17[18])

둘째 날은 이제 본격적으로 대제사장 되신 그리스도로 예루살렘에 입성을 합니다. 마가복음 11:15에 보면, "그들이 예루살렘에 들어가니라 예수께서 성전에 들어가사 성전 안에서 매매하는 자들을 내쫓으시며 돈 바꾸는 자들의 상과 비둘기 파는 자들의 의자를 둘러 엎으시며" 대제사장의 자격으로서 성전을 청결합니다.

---

18) [마가복음 11:15-17, 개정]『[15] 그들이 예루살렘에 들어가니라 예수께서 성전에 들어가사 성전 안에서 매매하는 자들을 내쫓으시며 돈 바꾸는 자들의 상과 비둘기 파는 자들의 의자를 둘러 엎으시며 [16] 아무나 물건을 가지고 성전 안으로 지나다님을 허락하지 아니하시고 [17] 이에 가르쳐 이르시되 기록된 바 내 집은 만민이 기도하는 집이라 칭함을 받으리라고 하지 아니하였느냐 너희는 강도의 소굴을 만들었도다 하시매.』

③ 선지자로 입성 (막 11:27-33[19])

또 예수님은 셋째 날 선지자 되신 그리스도로서 예루살렘에 입성을 합니다. 마가복음 11:27 이하에 보면, 예수님이 입성하시자마자 유대인 지도자들이 시비를 합니다. "무슨 권위로 이런 일을 하느냐?" 도전을 하면서 시비를 합니다. 그러니까 예수님은 하나님의 선지자로서 권위있게 모든 질문에 답변을 해주십니다.

이와 같이 셋째 날은 선지자로서 하나님 나라의 비밀에 관한 것을 자세하게 설명하는 날입니다. 그리고 또 앞으로 예수님의 재림에 대해서 가르치시고 예루살렘이 멸망될 것을 앞으로 예언하는 말씀으로 선지자 사역을 하신 것입니다.

---

19) [마가복음 11:27-33, 개정] 『[27] 그들이 다시 예루살렘에 들어가니라 예수께서 성전에서 거니실 때에 대제사장들과 서기관들과 장로들이 나아와 [28] 이르되 무슨 권위로 이런 일을 하느냐 누가 이런 일 할 권위를 주었느냐 [29] 예수께서 이르시되 나도 한 말을 너희에게 물으리니 대답하라 그리하면 나도 무슨 권위로 이런 일을 하는지 이르리라 [30] 요한의 세례가 하늘로부터냐 사람으로부터냐 내게 대답하라 [31] 그들이 서로 의논하여 이르되 만일 하늘로부터라 하면 어찌하여 그를 믿지 아니하였느냐 할 것이니 [32] 그러면 사람으로부터라 할까 하였으나 모든 사람이 요한을 참 선지자로 여기므로 그들이 백성을 두려워하는지라 [33] 이에 예수께 대답하여 이르되 우리가 알지 못하노라 하니 예수께서 이르시되 나도 무슨 권위로 이런 일을 하는지 너희에게 이르지 아니하리라 하시니라.』

이렇게 예수님은 왕으로, 제사장으로, 선지자가 되시기 위해서 이 세상에 오셨습니다. 곧 예수님은 선지자, 제사장, 왕 되신 그리스도라는 것입니다. 그리고 이 그리스도 되심의 최종적인 완성의 표적이 죽음과 부활이기 때문에 예수님은 죽음과 부활의 현장으로 지금 나아가시는 것입니다.

● 제물로 드리기 위해 겟세마네 동산에 들어가심. 제사장으로 자신을 드리는 기도드림(막 14:32-36[20])

마가복음 14:32에 보면, "그들이 겟세마네라 하는 곳에 이르매" 말합니다. 예수님은 겟세마네에 이르러서 대제사장으로서 인류의 속죄를 위한 기도를 드리셨습니다. 자기 자신을 제물로 내놓으시면서 그 제물을 우

---

20) [마가복음 14:32-36, 개정]『[32] 그들이 겟세마네라 하는 곳에 이르매 예수께서 제자들에게 이르시되 내가 기도할 동안에 너희는 여기 앉아 있으라 하시고 [33] 베드로와 야고보와 요한을 데리고 가실새 심히 놀라시며 슬퍼하사 [34] 말씀하시되 내 마음이 심히 고민하여 죽게 되었으니 너희는 여기 머물러 깨어 있으라 하시고 [35] 조금 나아가사 땅에 엎드리어 될 수 있는 대로 이 때가 자기에게서 지나가기를 구하여 [36] 이르시되 아빠 아버지여 아버지께서는 모든 것이 가능하오니 이 잔을 내게서 옮기시옵소서 그러나 나의 원대로 마시옵고 아버지의 원대로 하옵소서 하시고.』

리 하나님께 바치는 기도를 합니다.

마가복음 14:36, "아빠 아버지여 아버지께서는 모든 것이 가능하오니 이 잔을 내게서 옮기시옵소서 그러나 나의 원대로 마시옵고 아버지의 원대로 하옵소서" 그렇게 기도를 합니다. 요한복음 17장에는 더 자세하게 기도드린 내용이 나옵니다. 예수님은 겟세마네 동산에서 영원한 속죄의 제물이 되시는 피 땀의 기도를 드리셨고, 동시에 자기 자신을 제물로서 우리 하나님께 바치는 기도를 했습니다.

● **예수님의 체포**(막 14:48-49[21])

구약성전의 지성소가 바로 겟세마네 동산의 지성소에 대한 예언이라고 볼 수가 있습니다. 겟세마네 동산의 지성소는 바로 구약시대 성전 지성소의 성취였다고 볼 수가 있습니다. 그 속죄의 제물로서 대제사장의 기

---

21) [마가복음 14:48-49, 개정]『[48] 예수께서 무리에게 말씀하여 이르시되 너희가 강도를 잡는 것 같이 검과 몽치를 가지고 나를 잡으러 나왔느냐 [49] 내가 날마다 너희와 함께 성전에 있으면서 가르쳤으되 너희가 나를 잡지 아니하였도다 그러나 이는 성경을 이루려 함이니라 하시더라.』

도를 드린 후에 예수님은 희생제물이 되시고자 자원해서 체포됩니다. 곧 희생제물로 자신을 내놓습니다.

예수님은 이 때 자기를 잡으러 온 자들에게 이렇게 말씀했습니다. 마가복음 14:48-49, "예수께서 무리에게 말씀하여 이르시되 너희가 강도를 잡는 것 같이 검과 몽치를 가지고 나를 잡으러 나왔느냐 내가 날마다 너희와 함께 성전에 있으면서 가르쳤으되 너희가 나를 잡지 아니하였도다 그러나 이는 성경을 이루려 함이니라" 그렇게 말씀했습니다.

● **여섯 차례의 심문**(무죄로 증명됨)

체포된 예수님은 그의 유죄를 확증하기 위해서 여섯 차례의 심문을 받습니다. 세 번은 유대 법정에서, 한 번은 헤롯 앞에서 그리고 두 번은 빌라도 앞에서 심문을 받았습니다. 그러나 어느 심문에서도 예수님을 유죄로 확증하지 못했습니다. 예수님은 무죄하신 분으로서 인간의 죄를 대신하여 속죄 제사를 드리고 그리고 흠 없는 제물로 자신을 드리게 되는 것입니다.

● 빌라도의 불의한 재판(막 15:14-15[22])

재판장 본디오 빌라도는 예수님이 죄가 없으신 것을 알았습니다. 알았으면서도 유대인들 무리에게 만족을 주고자 십자가에 못 박히도록 하는 그런 사형언도를 했습니다. 마가복음 15:14-15을 보면, "빌라도가 이르되 어찜이냐 무슨 악한 일을 하였느냐 하니 더욱 소리 지르되 십자가에 못 박게 하소서 하는지라 빌라도가 무리에게 만족을 주고자 하여 바라바는 놓아 주고 예수는 채찍질하고 십자가에 못 박히게 넘겨 주니라"고 말합니다.

● 예수님의 죽으심(막 15:37-38[23])

그래서 예수님은 십자가에 못 박혀 죽으셨습니다. 이때 38절을 보면, "이에 성소 휘장이 위로부터 아래까지

---

22) [마가복음 15:14-15, 개정] 『[14] 빌라도가 이르되 어찜이냐 무슨 악한 일을 하였느냐 하니 더욱 소리 지르되 십자가에 못 박게 하소서 하는지라 [15] 빌라도가 무리에게 만족을 주고자 하여 바라바는 놓아 주고 예수는 채찍질하고 십자가에 못 박히게 넘겨 주니라.』
23) [마가복음 15:37-38, 개정] 『[37] 예수께서 큰 소리를 지르시고 숨지시니라 [38] 이에 성소 휘장이 위로부터 아래까지 찢어져 둘이 되니라.』

찢어져 둘이 되니라"고 말합니다. 성소의 휘장은 대단히 두꺼운 가죽으로 되어 있기 때문에 찢어질 수가 없는데, 그것도 위로부터 아래로 쫘아악 찢어졌습니다. 둘로 딱 찢어졌다는 것은 이건 초자연적인 사건이고 하나님이 그렇게 하신 것입니다.

대제사장이 일 년에 한 번 밖에 들어 갈 수 없었던 지성소 휘장이 찢어져버려 이제는 누구든지 지성소 바깥에서 예배를 드리는 일반 제사장들도 지성소 안을 바라볼 수 있게 되었습니다. 예수님의 속죄 제물로 드려진 피의 희생제사로 하나님께로 나가는 길이 열렸다는 말입니다. 지성소에 들어갈 수 있는 길이 열렸다는 말입니다. 일반 제사장들도 이제 지성소 안에 계신 하나님을 바라볼 수 있게 되었다는 말입니다.

그래서 신약시대 우리도 대제사장 되신 그리스도께서 그의 육체의 죽음으로 휘장을 찢어버렸기 때문에 우리도 예수님을 그리스도로 믿고 예수님을 우리 마음 중심에 모시면 제사장이 되어 하나님의 지성소를 이렇게 바라보는 것입니다. 예수님께서 여러분을 제사장으로 삼으셨습니다. 동시에 여러분도 제물입니다.

예수님이 제물이면서 제사장인 것처럼 여러분도 예수를 믿기 때문에 여러분 자신의 몸도 제물이요, 그리고 제사장입니다. 여러분이 거룩하신 그리스도를 힘입어서 제사장이 되어 지성소에 들어간다 이 말입니다. 예수님의 피를 힘입고 지성소, 하나님의 면전에 직접 나간다는 말입니다. 이 일을 위해서 우리 주님이 오신 것입니다.

● **예수님의 부활**(막 16:1-9[24])

그러나 과연 '그리스도의 죽음'이라는 그 사건이 하나

---

24) [마가복음 16:1-9, 개정]『[1] 안식일이 지나매 막달라 마리아와 야고보의 어머니 마리아와 또 살로메가 가서 예수께 바르기 위하여 향품을 사다 두었다가 [2] 안식 후 첫날 매우 일찍이 해 돋을 때에 그 무덤으로 가며 [3] 서로 말하되 누가 우리를 위하여 무덤 문에서 돌을 굴려 주리요 하더니 [4] 눈을 들어본즉 벌써 돌이 굴려져 있는데 그 돌이 심히 크더라 [5] 무덤에 들어가서 흰 옷을 입은 한 청년이 우편에 앉은 것을 보고 놀라매 [6] 청년이 이르되 놀라지 말라 너희가 십자가에 못 박히신 나사렛 예수를 찾는구나 그가 살아나셨고 여기 계시지 아니하니라 보라 그를 두었던 곳이니라 [7] 가서 그의 제자들과 베드로에게 이르기를 예수께서 너희보다 먼저 갈릴리로 가시나니 전에 너희에게 말씀하신 대로 너희가 거기서 뵈오리라 하라 하는지라 [8] 여자들이 몹시 놀라 떨며 나와 무덤에서 도망하고 무서워하여 아무에게 아무 말도 하지 못하더라 [9] [예수께서 안식 후 첫날 이른 아침에 살아나신 후 전에 일곱 귀신을 쫓아내어 주신 막달라 마리아에게 먼저 보이시니.』

님이 하시는 초자연적인 사건이고, 하나님 만나는 길을 열어놓은 것이냐? 예수님의 죽음이 우리의 죄를 대속하기 위한 구원의 사건이었느냐? 하나님의 초자연적인 구원의 사건이었느냐? 그것을 확증하기 위해서 하나님은 죽은 자 가운데서 예수님을 다시 살리셨습니다. 죽은 자 가운데서 그를 살리셨다는 말은 예수님의 속죄의 희생제사를 하나님이 완전히 받으셨다는 말입니다. '예수가 그리스도라는 것을 확증했다'는 말인 것입니다.

마가복음 16:1을 보면, 예수님이 죽은 자 가운데 살아난 사실을 기록합니다. "안식일이 지나매" 금요일 오후 운명하신 후 삼일만인 유대인의 안식일인 토요일을 지나고 주일 아침에 예수님은 다시 살아나셨습니다.

그래서 9절에서, "예수께서 안식 후 첫날" 곧 주일날입니다. "이른 아침에 살아나신 후 전에 일곱 귀신을 쫓아내어 주신 막달라 마리아에게 먼저 보이시니" 말합니다. 오늘 본문에는 생략되어 있습니다만, 다른 복음서에 보면 그 후 열 차례에 걸쳐서 부활하신 주님이 나타나서 제자들에게 보이시고, 예수님이 하나님의 아들 그리스도인 것을 확증하고 있습니다.

● 사도 바울의 해석(하나님의 아들로 선포, 롬 1:3-4[25])

이 사실을 로마서 1:3-4에서 사도바울은 이렇게 확증적으로 선언을 합니다. "그의 아들에 관하여 말하면 육신으로는 다윗의 혈통에서 나셨고 성결의 영으로는 죽은 자들 가운데서 부활하사 능력으로 하나님의 아들로 선포되셨으니 곧 우리 주 예수 그리스도시니라" 그렇게 말합니다.

예수님은 성령으로 죽은 자 가운데서 부활하시므로 하나님의 아들로 선포되셨다는 것입니다. 그리스도로서 선포되셨다는 말입니다. 그리하여 예수님은 우리 주 그리스도라고 바울 사도는 증언하는 것입니다.

---

25) [로마서 1:3-4, 개정] 『[3] 그의 아들에 관하여 말하면 육신으로는 다윗의 혈통에서 나셨고 [4] 성결의 영으로는 죽은 자들 가운데서 부활하사 능력으로 하나님의 아들로 선포되셨으니 곧 우리 주 예수 그리스도시니라.』

5. 예수는 그리스도, 그 증거로 죽은 자 가운데서 부활하셨다

그러므로 여러분, 예수님은 그리스도시요 살아 계신 하나님의 아들입니다. 예수님은 하나님의 아들 그리스도란 증거로 죽은 자 가운데서 부활하셨습니다. 이 복음으로 우리 인생의 모든 문제가 처리되고 해답을 얻습니다. 이 복음은 모든 믿는 자에게 구원을 주시는 하나님의 능력이 됩니다. 참되게 이 복음으로 깊이 뿌리를 내리고, 이 복음으로 여러분의 인생문제에 답을 얻고 살기를 기원합니다.

여러분, 예수님이 그리스도라는 단순한 메시지는 단순한 것 같지만, 모든 신령한 비밀이 그 안에 다 들어있습니다. 그리스도 안에 모든 것이 다 들어있습니다. 그리스도는 곧 하나님의 아들이시고 하나님이십니다. 여러분, 하나님 안에 모든 것 다 있습니다. 그리스도의 복음 안에 모든 것 다 있습니다. 우리들의 건강도 그리스도 안에 있으며, 우리들의 가족, 여러분의 직업, 여러분의 성공, 여러분의 미래가 그리스도의 수중에 들어있습니다.

어떤 사람은 경제가 어렵다고 말합니다. 그러면서 말하기를 "아니 예수님을 그리스도로 믿는다고 경제 문제가 해결 되느냐?", "아니 예수님을 믿는다고 지금 내 인생문제가 해결되느냐?", "아니 예수님을 믿는다고 미래가 보장되느냐?" 합니다. 그런 사람도 있습니다.

그러나 그것은 몰라서 하는 말입니다. 그리스도는 인생문제 해결의 직함입니다. 그리스도는 하늘과 땅의 모든 권세를 가지고[26] 다스리시는 직분입니다. 예수님이 성공하게 하고 예수님이 실패하게 하실 수가 있습니다. 그분이 죽이기도 하고 살리기도 하시고, 여러분의 미래가 그분의 수중에 있습니다. 그리스도 안에 모든 것 다 있으니까 여러분이 이 그리스도의 언약 안에 들어가시기를 바랍니다. 언약 안에 들어가면 하나님이 응답해

---

26) [마태복음 28:18, 개정]『예수께서 나아와 말씀하여 이르시되 하늘과 땅의 모든 권세를 내게 주셨으니.』

주십니다. 때가 되면 하나님이 응답하십니다. 여러분의 미래가 주님의 수중에 있습니다.

그래서 그분을 참되게 믿어야 됩니다. 여러분 애매하게 믿지 말고 정확하게 믿어야 합니다. 여러분이 참되게 믿는다면, 그 날로부터 문제가 풀리기 시작합니다. 애매하게 믿으니까 그리스도의 능력이 임하지 않는 것입니다. '그렇다 그리스도 안에 모든 것 다 있다. 그것이 전부다' 이렇게 정확하게 믿으면 그때부터 여러분의 문제가 해결되기 시작할 것입니다.

● **세계 최대 부호 록펠러의 고백**

"돈은 아무 것도 아니다! 하나님이 모든 것 되신다. 그리스도가 모든 것이다."

마지막으로 세계 최대 부호인 록펠러 이야기를 하면서 마치고자 합니다. 세계에서 부자로 가장 유명한 사람이 록펠러입니다. 록펠러가 33살 되었을 때에 최초로 자기 인생에서 백만 불의 순수한 이익을 얻고 백만장자가 되었습니다. 그래서 계속 돈을 엄청나게 벌었습니다. 그런데 53세가 될 때까지 그는 행복한 사람이 안 되었습니다.

그가 53세쯤 되었을 때에 '알로피셔'라는 탈모증 비슷한 병을 앓았는데, 그는 머리카락과 눈썹이 빠지고 몸이 초췌해 들어가는 병을 앓았습니다. 어느 날 그는 의사로부터 결정적인 소식을 듣습니다. "이런 상태로 일 년을 견딜 수가 없겠습니다." 그 선언을 들었습니다. 돈은 많지만!

그래서 그날 밤 그는 잠을 이루지 못하고 괴로워했습니다. 사업은 너무나 잘 되어 하루에 백만 불 이상을 벌었는데, 그는 먹지도 못하고 자지도 못하는 괴로운 인생을 보냈습니다. 그 순간 '도대체 이 많은 재산이 무엇을 의미하는가?' 이러한 허무한 생각이 들고 괴로워하다가 침대에서 벌떡 일어났습니다. 그리고 무릎을 딱 꿇었습니다. "돈은 아무것도 아니다. 하나님이 모든 것이 되신

다. 그리스도가 모든 것이 된다." 이렇게 선언을 하고는 무릎을 꿇고 기도를 했습니다. 그 기도와 함께 새벽을 맞이한 록펠러 인생은 그 다음날부터 달라졌습니다.

피상적으로 교회에 나갔던 모습은 사라지고, 성실하게 교회에 출석하며 진정한 그리스도인이 되었습니다. 그는 진정한 신앙생활한지 얼마 안 되어서 교회 하나를 지었는데, 그 교회가 미국 뉴욕에 있는 유명한 리버사이드 교회입니다. 그리고 록펠러 재단을 만들어서 수많은 사람들에게 자선사업을 했습니다. 지금까지도 뛰어난 인물로 인정받고 있습니다.

그런데 이런 결단을 내린 직후 이상하게도 그는 잘 먹기 시작하고 잠도 잘 자게 됐습니다. 의사들은 그가 거의 55세를 넘기기 어려울 것이라고 판단했지만, 록펠러는 98세까지 살았습니다. 거의 백세까지 살았다는 말입니다.

여러분 그리스도가 전부입니다. 그리스도의 복음으로 진정으로 답이 나오기를 바랍니다. 하나님이 응답합니다. 여러분이 복음의 언약을 붙들면 하나님이 응답해 주십니다. 여러분이 어려운 문제가 있다고 하지만, 참되게 예수님을 내 인생의 문제 해결자로 정확하게 믿고, '그분 안에 모든 것이 다 있다' 이렇게 정확하게 믿고 맡기면서 살아가면 그때부터 경제문제가 풀려지기 시작합니다. 여러 가지 인간관계 문제가 풀려지기 시작합니다. 어떤 어려움이 와도 이 그리스도의 능력으로 이길 수 있습니다. 어떤 고난이라도 이 복음으로 해결할 수 있습니다.

● 그리스도의 복음 전도자의 축복의 삶을 살 것이다.

예수님이 그리스도인 것을 참되게 믿기를 바랍니다. 그리스도가 전부입니다. 그래서 여러분이 예수 그리스도 이름으로 여러분의 인생의 문제를 날마다 응답받는 신령한 삶을 살기를 주님의 이름으로 기원합니다. 더 나아가서 마지막으로 응답을 받았다고 받았다면, 이제 이 복음을 증거하는 전도자로 살기를 주님의 이름으로 축원합니다.

오늘 여러분이 받은 복음을 기억하면서 여러분의 마음을 주님께 바치십시오. 그리고 그분께 완전히 순종해서, 록펠러처럼 "돈은 아무 것도 아니다 하나님이 전부다 그리스도가 모든 것이다" 이렇게 생각하면서 결단 있는 신앙인으로 살아가기를 바랍니다.

그리스도의 말씀에 순종하면서 기도하며 살아가면 어느 날 놀라운 믿음의 확신이 올 것입니다. 염려하지 말고, 오직 그리스도, 오직 믿음, 오직 하나님의 영광을 위해 살아가기 바랍니다.

"살아계신 아버지 하나님. 하나님 은혜를 감사합니다. 하나님의 아들 예수 그리스도의 복음, 이 위대한 복음을 우리에게 주신 것을 감사합니다. "예수 그는 누구신가?" 그 인격을 바로 알고, "예수 그는 무엇을 하셨는가?" 그의 사역을 바로 알 때 우리는 구원을 얻습니다. 이 구원은 단순한 구원이 아니라 인생문제의 해답의 구원이기 때문에 참되게 우리가 그리스도의 구원의 언약 속에 들어가면 하나님이 응답해주십니다. 하나님이 그 아들을 통해서 응답해주십니다. 하나님이 세상 속에서 하나님의 백성답게

살도록 은혜를 주십니다. 주여! 복음 받은 모든 신자들이 그리스도로 답이 나오게 하시고, 그리스도의 복음의 체질로 변화되기를 기도합니다. 그리스도가 전부입니다. 그리스도 안에 모든 것들이 있음을 알아서 그리스도로 만족하며, 그리스도의 이름으로 기도하여 응답받는 삶을 살도록 도와주옵소서. 기도 응답의 삶을 통해서 그리스도의 증인의 삶을 살게 하여 주옵소서. 성령의 권능을 받은 전도자의 축복된 삶을 살게 하여 주옵소서. 예수 그리스도 이름으로 기도하옵나이다. 아멘"

저자 소개   임 덕 규

육군사관학교 졸업

서울대학교 법대 및 동대학원 졸업(법학박사)

대한신학교 졸업

아세아연합신학대학원 졸업(M. A., M. Div.)

육군사관학교 법학과 교수 역임

대한예수교장로회(대신) 충성교회 담임목사

복음이란 무엇인가 시리즈 소개

복음이란 무엇인가? ①
예수, 그는 누구신가?
Jesus, Who is He?
임덕규 지음/ 46판/ 72면/ 3,000원

평신도 선도용으로 쉽게 예수님이 누구신지에 대해서 저술하고 있다. 예수 그리스도는 구원의 주로서 그리스도시요, 살아계신 하나님의 아들이다. 이 예수님을 하나님의 아들 그리스도로 알고 믿을 때 구원을 얻는다. 전도하기 위한 태신자가 있다면 본서를 통해 예수 그리스도를 소개하면 좋을 것이다.

복음이란 무엇인가? ②
예수, 그는 무엇을 하셨는가?
Jesus, What did he do?
임덕규 지음/ 46판/ 120면/ 5,000원

그리스도의 죽음과 부활은 구약성경에 이미 수천 년 전에 예언되어 있었고, 그 예언대로 예수님이 이 세상에 오셔서 성취하셨다. 본서에 기록된 이 복음진리를 참되게 상고한 자는 이 진리를 확신하고 구원을 얻을 것이며, 이 진리에 인생을 걸 것이다.

예수는 그리스도
Jesus is Christ

2012년 7월 1일 초판 발행

지은이 | 임 덕 규

펴낸곳 | 사)기독교문서선교회
등록 | 제16-25호(1980. 1. 18)
주소 | 서울시 서초구 방배동 983-2
전화 | 02) 586- 8761~3(본사) 031) 923-8762~3(영업부)
팩스 | 02) 523-0131(본사) 031) 923-8761(영업부)
홈페이지 | www.clcbook.com
이메일 | clckor@gmail.com
온라인 | 국민은행 043-01-0379-646, 기업은행 073-000308-04-020
　　　　　예금주: 사)기독교문서선교회

ISBN 978-89-341-1207-5(03230)

* 낙장·파본은 교환해 드립니다.